講演集

悲愛の人

島田　真澄

乾いた地に埋もれた根から生え出た若枝のように
この人は主の前に育った。
見るべき面影はなく
輝かしい風格も、好ましい容姿もない。
彼は軽蔑《けいべつ》され、人々に見捨てられ
多くの痛みを負い、病を知っている。
彼はわたしたちに顔を隠し
わたしたちは彼を軽蔑し、無視していた。
彼が担ったのはわたしたちの病
彼が負ったのはわたしたちの痛みであったのに

わたしたちは思っていた
神の手にかかり、打たれたから
彼は苦しんでいるのだ、と。
彼が刺し貫かれたのは
わたしたちの背きのためであり
彼が打ち砕かれたのは
わたしたちの咎《とが》のためであった。
彼の受けた懲《こ》らしめによって
わたしたちに平和が与えられ
彼の受けた傷によって、わたしたちはいやされた。

イザヤ書五三章二〜五節

目次

「いちばん大切なものをあげます」

――イエスの降誕

第1話

大富豪のプール

アメリカの南部にテキサス州という非常に大きな州があります。そのテキサスに一人の大富豪が住んでいました。彼は時々自分の家を開放してパーティーを開いていたのです。たくさんの方が招かれて、今まで見たこともないような珍しい食べ物やおいしい飲み物が振る舞われ、最後には高価なおみやげまで出るようなパーティーでした。招待状を受け取った人たちは喜んで参加していたそうです。

ある時、いつものように大富豪がパーティーを開きました。たくさんの人々が招きに応じてそのパーティーに集まってきました。宴もたけなわとなり、みんなが盛り上がった頃に、大富豪が招待者をその家の中庭に集めたのです。とても広い中庭です。大きなプールがあり、それを囲むようにして人々が集まりました。

「皆さん、こんばんは。ようこそおいでくださいました。パーティーを楽しんでおられますか?

さて、皆さんの目の前にあるのは、実はオリンピック規格の五〇メートルプールです。もし今晩このプールで見事に五〇メートルを泳ぎきった方がおられましたら、私がアメリカのいたるところに持っている別荘のうち、どれでもお好きなものを差し上げます。別荘なんかいらないという方がおられましたら、私にはまだ結婚していない年頃の娘がいます。この娘でよければ、交際することを認めましょう。別荘でも娘でもどちらでも構いません。

今晩どなたかここで泳ぎきってみませんか？　ただし、ちょっと暗くて見えないかもしれませんが、このプールにはアマゾンから運んできたピラニアが十万匹ほど泳いでいます。プールの底には一週間ほど餌《えさ》を与えていないワニが三頭ほど潜んでいます。まぁ、それでもよければ、どなたかこの五〇メートルプールを泳ぎきってみませんか？」

ほんの余興のつもりで言ったのです。ところがこの大富豪が、どなたか泳いでみませんかと言い終わらないうちに、一人の若者が着のみ着のまま靴《くつ》もはいたまま、プールに飛び込んだのです。若者は食いつこうとするピラニアを蹴《け》散らし、迫ってくるワニを振り切るようにして、必死に泳いでいます。もう皆ハラハラドキドキしながら、その若者を見ておりました。そして見事に五〇メートルを泳ぎきり、その若者はプールの向こう側から這《は》い出てきたのです。息もたえだえに、苦しそうに呻《うめ》いておりました。

大富豪は本当にびっくりしました。誰も飛び込まないだろうと思っていたのに飛び込んだこの若者は、見事に泳ぎきったのです。彼の服にはピラニアが二、三匹ぶら下がっておりました。大富豪は若者に近づくと、恐る恐る尋ねました。

「君は一体どの別荘が欲しかったんだい？」

「どの別荘も欲しくない」

「そうか、すると君は私の娘と付き合いたかったのかな？」

「付き合いたくない」

「では、何が欲しいのかな？」

「何も欲しくないけど、一つだけ知りたい」

「君は何が知りたいんだい？」

「一体誰が僕を蹴飛ばしたんだ？」

彼は飛び込みたくて飛び込んだわけではないのです。たまたま後ろを誰かに蹴飛ばされて突き落とされ、仕方なく五〇メートルを泳ぎきったのです。見事に泳ぎきったので、彼は別荘の一つをもらったそうです。

イエス・キリストを知っていますか？

さて、今晩、本当にお忙しいところ、お集まりいただいて感謝します。なかには、忙しいのに、こんな講演会にわざわざ来たくなかったと思われた方もいらっしゃるかと思います。仕方なく座っていらっしゃる方もおられるかもしれませんが、誰かに蹴飛ばされてここに座っておられるのだと思います。断れない義理もあったかもしれませんが、神様は皆さんを蹴飛ばして、今ここに座らせてくださったのだと思うのです。

この六日間、「イエス・キリストを知っていますか？」というテーマでお話をさせていただこうと思っています。聖書が示す救い主イエス・キリストとは、一体どんなお方であったのか。なぜこの地上に生まれ、どんな生き方をして、どんな死に方をしたのか。またどうして死ななければならなかったのか。聖書は「復活し、よみがえった」と言います。それは一体どういうことなのか。聖書は、イエスは「よみがえって天に帰られたイエスがもう一度、間もなくこの地上に戻ってくる。この再臨こそ、人類最大の希望である」と述べています。そのことについて御一緒に考えていきたいと思います。

人間にとって最大の難病

さて、ノーベル平和賞を受賞したマザー・テレサという方の名前をお聞きになったことがあると思います。インドのカルカッタ（現コルカタ）で貧しい方々のために長い間奉仕をされていた修道女です。マザー・テレサは元々あるカトリックの高校の校長先生でした。ところが、列車で旅行していた時、「今の仕事を捨てて、貧しい人々のもとに入っていきなさい」という神様の声を聞いたのです。その声に従って校長職を捨てて、インドで最も貧しいといわれる大都会のカルカッタに出ていきます。サリーという服に着替えて、彼女はその街に出ていったのです。

マザー・テレサがいちばん最初にカルカッタの街を歩いたのは、ある夜のことだったといいます。陽が沈んで、真っ暗な中を歩いておりました。あちこちに路上生活者と呼ばれる方々がいます。「路上生活者」とは、道端で生まれ、道端で生活し、道端で死んでいく人々です。生涯一度も屋根のある家に住むことのない貧しい人々がたくさんおられます。

彼女はその晩、病院に続く一本の路地を歩いておりました。すると、その道の向こう側に、路上生活者である一人の女性が倒れていたのです。息も絶え絶えでした。

マザー・テレサが近づくと、すでに数匹のネズミが女性の身体を襲っていました。ネズミを追い払うようにして、マザー・テレサは女性の顔の近くに腰を降ろし、女性の手を握ります。手を握られた女性はありったけの力を込めて目を開きました。マザー・テレサと視線が合います。マザー・テレサがほほ笑むと、その女性の口元もちょっとほころんで、また目を閉じる。その晩、一晩中マザー・テレサはその女性の手を握り続けました。しかし夜が明ける前に、その女性は息を引き取っていきました。

この最初の晩の経験の中で、マザー・テレサは一つの事実を、まるでスポットライトを浴びたかのようにはっきりと知ることができたといいます。それは、人間にとって最大の難病は、がんでも結核でも、脳梗塞《こうそく》でも心臓病でもない。それは、生きることをもはや誰からも望まれず、自分という存在が誰からも愛されていないという感覚そのものだという事実でした。

その晩、路上生活者の貧しい女性はたった一人で死んでいったのです。マザー・テレサがそこに来なければ、「お願い、頑張って。死なないで」と声をかけてくれる家族も、涙してくれる友もなく、孤独のうちに死んでいかなくてはならなかった。こんな寂しいことがあるのだろうか。生きることを誰からも期待されず、自分の存在そのものが誰からも愛されていないと感じるこの感覚。これが人間にとっての最大の難病だと悟ったとマザー・テレサは言います。

後に彼女はこのように書いています。「孤独と寂しさは一つの病気である。これを癒《いや》すのに西洋の医学も東洋の哲学も社会福祉もなんの役にもたたない。これを癒すことができるのは、彼らを本当に愛する者だけである」

豊かさの陰に潜む孤独感

彼女はカルカッタで大きな家を借り、「死を待つ人々の家」という看板を掲げます。すごい名前ですね。道端でまさに死にかかっている人々を、車でそこに連れてきて、身体を洗い、新しいきれいな服に着せ替えて、最後の数時間、あるいは数日間を共に過ごすのです。手を握ってほほ笑みかけ、語りかけながら、「あなたがこの地上に生きていたことを私たちはしっかり覚えていますよ」というメッセージを発する。すると人々は、孤独や寂しさのなかで息を引き取るのではなく、最期に誰かから愛されたという実感を持って、本当に安らかに息を引き取っていく。そういう働きを彼女はしました。

マザー・テレサが何度か日本にやってきた時、カルカッタでの話をしました。すると日本の若者たちがその話に感銘を受け、感動して、「私たちもマザー・テレサと一緒にカルカッタに行って貧しい人たちのために奉仕をしたい」と申し出ました。その時マザー・テレサは、「孤独で寂しい人を探すためにカルカッタに行く必要はありません。この豊かな国である日本にもたくさんの孤独な人、寂しい人がいるはずです。どうかそういう人々に寄り添ってください」と言い続けたそうです。

確かに私たちの国はアジアの中で最も豊かです。しかし豊かさの陰に、孤独感や寂しさを抱えた人々がいるのも確かなのです。

深い闇の中にいる日本人

一九九八年に一冊の本が発行されました。作者は金沢を本拠地にして活躍している五木寛之という作家です。彼が書いた『大河の一滴』は大ベストセラーになりました。この本の最後に「応仁の乱からのメッセージ」という章があって、冒頭で彼はこのように述べています。

「私たちを取り巻く政治・経済・教育・宗教にいたるまで、いま時代はいよいよとほうもない闇の濃さを深めているように思われます。……世紀末を象徴するような出来事が続発して、私たちを暗澹《あんたん》たる思いにさせています」

彼は一九九五年の出来事から順を追って解いていきます。一月十七日は何の日か覚えていますか？　阪神淡路大震災ですね。あの時、日本でもっとも繁栄した街の一つである神戸が、あっという間に崩壊しました。その様子がテレビで全国に広がったのです。彼はあの光景を見た時、日本人の心の中に、物は頼りにならないということが明確になったといいます。

戦後、物の豊かさが私たちを幸せにしてくれると考えて高度経済成長に乗った私たちの国は繁栄してきました。しかしそのシンボルの一つといわれる神戸の街が、自然の力の前にあっという間に崩壊していきました。物は頼りにならない、と日本人の誰もが思いました。これからは心の時代、宗教の時代が来るのではないかと宗教界は考えたのです。

ところが、それから二か月たって恐ろしい事件が起きました。地下鉄サリン事件です。その背後にオウム真理教という宗教があることを知った時、宗教は怖いという強い感覚を日本人に与えました。それまでは、物の豊かさが幸せを呼んでくれると思って一生懸命に働いてきたのです。親も子どもに「一生懸命に勉強して良い大学に入り、良い会社に就職しろ。そうすればきっと幸せになれる」と言ってきましたが、それが崩れてしまった。

物は頼りにならないし宗教も怖い。一体何を信じていいかわからない。そのように日本人はさまよい始めた。そのあと二冊の本が日本で紹介され、もしかしたらこれではないかと人々の心が動いたのです。

最初に出てきたのが『ソフィーの世界』という哲学入門の本でした。誰にもわかるやさしい哲学、宗教ではなく哲学だったら、あるいは救われるかもしれないと思われた。この本は爆発的に売れたのですが、ほとんどの日本人が読みきることができませんでした。実は私も買ったのですが、数ページ読んで、そのまま置いてあります。

やはり哲学は難しいと思っていた時に、もう一冊の本が出ました。これも爆発的に売れて、みんな読みきったというんです。『脳内革命』という本でした。お読みになりましたか？　物事をプラス思考で考えると身体にいい。β《ベータ》-エンドルフィンという脳内ホルモンが出て健康になり、幸せになれるという内容です。そう言われてみれば、誰でもできるのではないか。そんな雰囲気にさせてくれる本でした。

ところが、そういう機運になった途端、一九九七年に神戸で、酒鬼薔薇聖斗《さかきばらせいと》事件という十四歳の少年が小学生の首を切るという、今まで考えられないような事件が起こりました。その時、あの少年の両親や担任はどうやってこの事件をプラス思考で捉えることができるのだろうか。プラス思考にも限界があるのではと思ったのです。

物もだめ、宗教もだめ、哲学もだめ、プラス思考もだめ、もう何を信じていいかわからない、何を頼りにしていいのかわからないというので、五木寛之は日本人の心は暗闇の中にいると言ったのです。

わたしの目には、あなたは高価で尊い

さて、五木寛之が以前に対談したある実業家は、宗教がはやるのは不幸な時代なので、宗教がはやらないのは、今がいい時代だからではないかと肯定的に受けとめていたそうです。ところがこの実業家は、本当に日本は平和といえるのだろうかと考えた。一九九七年に調べたところ、二万三一〇四人の日本人が自分の命を絶っていた。ここ数年間は三万人を越えています（二〇一三年は二万七一九五人）。

先進国の中で自殺率がいちばん高いのは日本です。長寿国も日本ですが、自殺者が

多い。この事実を見た時に、日本は平和だと言えないのではないか。大体一万人を越える市民が戦争以外で死ぬなんてことはありえない。交通事故で死者が一万人を越えた時、当時の運輸省はこれを交通戦争と呼び、深刻な社会問題として捉えました。

ところが、自殺する人はその三倍。これは公表されている数ですが、自殺を試みた人はその十倍はいるだろうといわれています。このような状況を考えた時に、日本は決して平和とは言えないのではないか。みんないろいろな戦いの中で傷つき、暗闇の中にいる、と言うんですね。

五木寛之は、傷ついた人間に対して私たちが語る言葉は二つしかないと言います。一つは「頑張れ」という励ましの言葉であり、もう一つは慰めの言葉です。頑張ろうとしても苦しくて頑張れない人に頑張れと言うのは、まさに傷口に塩をすり込むようなものです。そのような深い傷を負ってしまった人たちに語る言葉は、二つめの慰めでしかない。この慰めとは仏教の慈悲であり、共にうめき、共にため息をつくということです。マザー・テレサは死にゆく人たちに寄り添い、手を握り、最期を看取りました。それによって、彼らは深い慰めを得たのです。

実は、イエス・キリストが二千年前に天からこの地上に降《くだ》り、人間として生まれた第一の目的は、私たちの存在が孤独でも寂しいものでもなく、神様から深い関心を寄せられている、かけがえのない存在であるということを伝えるためでした。

旧約聖書のイザヤ書四三章四節に、「わたしの目には、あなたは高価で尊い。わたしはあなたを愛している」（新改訳）という言葉があります。誰からも期待されず、愛されていないという感覚が最大の病だとマザー・テレサは悟りましたが、人間に命を与えた神は、すべての人間に向かって、あなたはわたしの目に高価で尊い存在なのだ。わたしはあなたを愛しており、あなたに期待しているのだ。わたしはあなたが生きることを望んでいるのだとおっしゃる神様です。それを神に代わって私たちに伝えるために、二千年前にイエス・キリストはこの地上にお生まれになったと聖書は述べています。

父親の後ろ姿

もう何年も前の話ですが、校内暴力の嵐が日本中で吹き荒れたことがありました。その時、大阪のある中学校で校内暴力が起こりました。むしゃくしゃした思いを生徒たちはガラス窓を割るという行為で解消しようとしたのです。教師がどう注意しても、生徒たちは暴力をやめませんでした。

ある時、学校側はついに意を決して、窓ガラスを割る生徒の家に、お宅の子が窓ガラスを割って困っていると手紙を出したのです。一人の父親がその手紙を読みました。まさかと思っていた自分の息子が学校で窓ガラスを割っている。心を痛めた父親はその晩息子と向き合い、一対一で話をしようとしました。ところが何を言っても言葉が通じない。心も通じない。この深い溝に愕然《がくぜん》としたのです。いつの間に息子と心が通わなくなってしまったのか。その晩、父親は眠ることができませんでした。

次の日、いつものように仕事を終えた大工の父親は、道具を引っさげて息子の通う中学校に行きました。そして息子たちが壊した窓ガラスを一枚一枚修理したのです。すべて自腹を切って直しました。

ところが、父親が直したその窓ガラスを狙《ねら》ったかのように、中学生が待っているのです。最初はいたちごっこでした。いくら直しても割られていく。しかし父親はくじけないで直し続けたのです。

冬を迎えたある寒い日、父親は背中を丸め、手にハァーと息を吹きかけながら窓ガラスを直していました。その姿を見た時に、息子の心は初めて痛んだのです。彼はその時初めて、「窓ガラスを壊すのは、親父の背中を殴《なぐ》るのと同じことや。あかん」と思った。それ以来、彼は窓ガラスを割らなくなります。

やがて卒業式が近づいてきたある日、校内暴力のリーダー格だった少年が、もう何か月も学校に通いつめて窓ガラスを直しているその父親の作業をじっと見つめていました。やがて父親が視線を感じて振り向くと、彼と視線が合い、彼は深く頭を下げて走り去っていきました。それ以来、その中学校では校内暴力がピタッとやみ、誰もガラスを割らなくなったそうです。

中学校を卒業し、息子は就職しました。彼は最初にもらった給料の大半を握って母校に走り、職員室のドアを開けました。彼は三年の時の担任のところに行って、「先生、これは僕が壊した窓ガラス代です。足りないかもしれないけど、受け取ってください」と言って差し出したのです。

一人の父親が、自分はお前を愛しているんだ、期待しているんだ、真っ当に生きることを望んでいるんだというその後ろ姿によって語ったことにより、少年の心に灯がともり、立ち直ることができたのです。

父親へのクリスマスプレゼント

あるクリスマスイブのことでした。刑務所の所長が一日の働きを終えて刑務所から出てきました。小脇に子どもたちへのプレゼントを抱えています。早く家に帰ってこのプレゼントを渡し、クリスマスパーティーを開こうと思ったその瞬間、物陰が動いたことに気づきました。目を凝らしてみると、女の子が一人そこにたたずんでいました。近づいてみると、寒い冬空の中、オーバーも着ないでその女の子はカタカタ震えながら立っています。

「おじょうちゃん、どうしたの?」

「おじさん、ここの人?」

「うん、そうだよ」

「ああよかった。この中に私のパパがいるの。パパにクリスマスプレゼントを持ってきたんだけど、届けてくれない?」

「君のパパ、ここにいるの? なんて名前?」

少女は父親の名前を言いました。確かにその名前の囚人はこの刑務所に入っていました。しかも、いちばん手を焼いている囚人なのです。彼は何を命令しても動かないし、話そうともしない。朝起きて壁に向かってあぐらをかき、じっと座っている。あとは食事をするだけです。

「わぁ、君のパパか」

「知ってるの?」

「うん、知ってるよ」

「良かった。これ届けて」とプレゼントを差し出します。

その健気な眼差しに打たれた所長は、「わかった、おじさんが届けてあげよう」と言って、そのプレゼントを受け取ります。少女は「ありがとう」と言って走り去っていきました。

所長は、少女から預かったプレゼントを持って、今出てきたばかりの刑務所にもう一度引き返しました。そしてその囚人が入っている独房に外から声をかけました。

「おい君、君のお嬢さんが今クリスマスプレゼントを届けに来たよ」

囚人の肩が一瞬ピクッと動いたような気がしました。でも振り向きません。動こうともしない。仕方なく鍵《かぎ》を開けて、所長は中に入っていきました。その囚人の右の肩越しに後ろから所長がプレゼントを差し出した瞬間、動かなかった囚人の右手が動いたのです。バシッと、差し出されたプレゼントを壁に思い切り叩《たた》きつけました。包みが割れて、中身が床に落ちました。

所長は「何をするんだ！」とその囚人をたしなめながら、床から包みを拾い上げます。割れた包みの中から、もう一つの包みと手紙がこぼれ落ちました。所長は、「ここに君のお嬢さんからの手紙がある」と言って、その手紙を電灯の下で広げました。代わりに読んであげようと読み始めます。鉛筆書きの子どもらしい字で書かれた手紙です。

「お父さん、お元気ですか。私は元気です。お父さんがいなくなってから、私はおじさんやおばさんの家など、あちこちにあずけられました。お母さんはどこかへいなくなりました。おじさんやおばさんも、学校や近所の人も、お父さんは悪い人だと言います。でも私は、お父さんは良い人だと思います。早く帰ってきてください。待っています。

お父さん、今日はクリスマスです。でも、プレゼントを買うお金がありません。それで私のいちばん大切なものをあげます。どうかこれを持って、私がいつも一緒にいると思ってください。メリークリスマス」

手紙を読み終えた所長は、彼女がいちばん大切なものをあげると書いたそのプレゼントの包みを開けてみました。中から出てきたのは、薄汚れた栗色の髪の毛でした。所長は、もう何日も風呂に入っていないかのように薄汚れた栗色の髪の毛が無造作に肩から切られている少女の姿を思い出しました。幼い頃何度もお父さんになでてもらったその髪の毛を、少女はその日、父親へのクリスマスプレゼントにしたのです。所長はしばらくの間、その手紙と栗色の髪の毛の両方に目をやりながら、目を上げることができませんでした。

しばらくたった時、動かなかった囚人が突然ガバッと後ろを振り向くと、所長の手からその手紙とプレゼントをむしり取りました。そして彼も、その手紙と栗色の髪の毛をじっと眺めながら、やがてそれを胸にかき抱いてベッドに身を投げ出したのです。うつぶせになった囚人の肩が震えて嗚咽《おえつ》が聞こえ、やがて泣き声となりました。所長は黙ってドアを閉め、その場を去っていきました。

次の日から、囚人の生活が変わりました。今まで動かなかった囚人が働き始めたのです。一日も早くここから出て愛する娘と一緒に暮らしたい。その願いが生活のすべてに現れていました。

人は誰かから期待され、望まれ、愛されていることを知ったとき、初めて生きることができるのです。家族が私に期待している、待っていてくれる、愛していてくれる。それが私たちの生きる力となります。キリストはまさにそのことを伝えるためにこの地上に生まれてくださったのです。

ザアカイの回心

「わたしの目には、あなたは高価で尊い。わたしはあなたを愛している」——誰も神の目に見捨てられている者はいない。キリストと出会って人生が変わった数々の人々が新約聖書の福音書に書かれていますが、その一人について、御一緒に考えてみたいと思います。

徴税人のザアカイという人です。徴税人というのは税を徴収する人。今で言うと税務署の役人ですが、ルカによる福音書一九章一節から一〇節にこの物語が出てきます。少しずつ読みながらお話ししていきます。

「イエスはエリコに入り、町を通っておられた。そこにザアカイという人がいた。この人は徴税人の頭で、金持ちであった」(一、二節)。

二千年前のユダヤの社会で、徴税人、重い皮膚病の人、売春婦、この三種類の人々が最も軽蔑《けいべつ》され、忌《い》み嫌われていました。徴税人はどうして嫌われていたのかといいますと、ユダヤ人から集めた税金をすべて、当時ユダヤを支配していたローマ帝国に差し出すんです。しかも定められた税よりも多くのものを人々から取って懐《ふところ》に入れて私腹を肥やしていました。しかしローマの権力があるので誰も文句が言えない。徴税人は、お金さえあれば人生は幸せになれる、友だちなんかいなくたっていい、金さえあればいいんだと考えて、この職業に就いていました。ザアカイもその一人でした。

しかし、彼の心には寂しさがありました。冷静に考えたら、お金目当てに近寄ってくる人間はいても、彼を慕う人間は誰一人いないのです。自分の人生はこれでよかったのかとつい考えてしまう。まさに孤独、寂しさ、空しさが彼の心の中にありました。そんな時、このエリコの町にイエスがやってくるという噂《うわさ》を聞いたのです。イエス・キリストというのは時のスーパースターで、この人に出会って人生が変わり、病気が癒され、死人がよみがえるという考えられないような、いろんなことが起こっている。もしこの人に出会うことができたら、自分の人生は変わることができるかもしれない。その期待を持って、何とかこの人を見たいと思ったのです。

「イエスがどんな人か見ようとしたが、背が低かったので、群衆に遮《さえぎ》られて見ることができなかった」（三節）。みんなから愛されているザアカイでしたら、道が開かれて、「ザアカイ、前に出ておいでよ」と言われるのでしょうが、嫌われていたので、みんなから肘《ひじ》鉄砲しかやってこない。しかし、彼はここであきらめなかったのです。

「それで、イエスを見るために、走って先回りし、いちじく桑の木に登った。そこを通り過ぎようとしておられたからである」（四節）。大の大人がアイドルの追っかけのように、イエスを見るために走って木によじ登り、何とか見ようとしたのです。彼の心の渇きがどれほど激しかったかがわかります。どれほどイエスを求めていたか、その強さがわかります。木の上にザアカイが登ったちょうどその下に、イエスがやってきました。

「イエスはその場所に来ると、上を見上げて言われた。『ザアカイ、急いで降りて来なさい。今日は、ぜひあなたの家に泊まりたい』」（五節）。

ザアカイは初めて出会ったイエスに、突然、名前を呼ばれたのです。ユダヤの社会で名前を知るというのは、相手の人格を知るということなんです。「ザアカイ、あなたのことやあなたの寂しさ、あなたの空しさ、あなたの劣等感、みんなわかっているよ。急いで降りてきなさい。今日はぜひあなたの家に泊まりたい」
まじめなユダヤ人たちは、徴税人と一緒に食事をし、一緒に話をし、一緒に同じ屋根の下に寝ることなど、一切を拒否していました。話をするだけで、食事をするだけで、交わるだけで汚れると思っていた。ところがイエスは、「今日は、ぜひあなたの家に泊まりたい」と言ったのです。

信用できない人の家に泊まることなんかできませんよね。この人、今晩何をするんだろうと思ったら、怖くておちおち寝られませんから、そんな家に泊まりたいとは思わない。でもイエスは、「今日は、ぜひあなたの家に泊まりたい」とザアカイに言われたのです。あなたとわたしはもう信頼関係のある友だちなのだ、と。

時のスーパースターに声をかけられただけでなく、「今日あなたの家に泊まりたい、わたしはあなたと友だちになりたいんだ」と言われたザアカイは大喜びです。急いで降りてきて、喜んでイエスを迎えました。ザアカイは自分の家にイエスを迎えるのですが、自分の心にも迎えるわけです。友としてイエス・キリストを迎える。孤独や寂しさ、空しさや劣等感から解放される。こんなに自分を愛してくれる人がいる。それを知ったら、人の評判などどうでもよくなる。この人に認められれば、まさにすべての人から認められたことになるのです。

ところが、イエス・キリストがこの徴税人のザアカイの家に泊まるということで、「これを見た人たちは皆つぶやいた」(七節)。つぶやいたというのは、批判し非難したということで、文句を言ったのです。「あの人は罪深い男のところに行って宿を取った」(同)。同じ穴の狢《むじな》じゃないかと非難する。

しかしイエス・キリスト御自身もザアカイも、そんな非難や中傷はまったく耳に入らない。この日、ザアカイの心の中には命の灯が、希望の灯がともりました。ザアカイはこう言います。

「主よ、わたしは財産の半分を貧しい人々に施します。また、だれかから何かだまし取っていたら、それを四倍にして返します」(八節)。キリストに愛されていることを知った時に、ザアカイは財産の半分を貧しい人々に施し、誰かから何かだまし取っていたら、それを四倍にして返すと約束したのです。四割増しではなく、四倍です。ザアカイがこれを実際にやったら一文なしになります。でも、ザアカイの心には喜びがあふれていました。自分は愛されている、期待されている、望まれている。その思いが彼の中に弾《はじ》けたのです。

キリストは、このようにして私たちを探し求めてくださっておられるのです。このあと、キリストはこのように言われました。「今日、救いがこの家を訪れた。この人もアブラハムの子なのだから。人の子は、失われたものを捜して救うために来たのである」（九、一〇節）。

アブラハムの子というのは神の家族だと受け止めてください。キリストは、失われた者、自分は誰からも望まれていない、期待されていない、愛されていないという最大の病を背負ってしまった者を探し出して救うために、この地上に生まれたのです。

この地上に人として生まれたイエス・キリスト

二千年前、この地上にキリストが生まれることを旧約聖書の預言者の一人であるイザヤが預言しました。それをマタイによる福音書では次のように記しています。「『見よ、おとめが身ごもって男の子を産む。その名はインマヌエルと呼ばれる。』この名は、『神は我々と共におられる』という意味である」（一章二三節）。

二千年前、イエス・キリストは、まさに神はあなたを愛し、あなたと共にいてくださるということを伝えるために、この地上にお生まれになりました。神が私たちを愛してくださり、私たちを見捨てることが本当にないのか。それは、イエス・キリストがこの地上に人として生まれたという事実が証ししているのです。

毎年クリスマスが近づくと、街中が華やかな雰囲気になります。でも、多くの人々はクリスマスの本当の意味を知りません。プレゼントをもらえる日だと思っている。ある酔っ払いがバーでクリスマスパーティーをやったあと、いい気分で街を歩いていた時、教会で行われるクリスマス礼拝を見て、教会でもクリスマスのお祝いをやっているのかと言ったそうですが、教会こそ本家本元です。教会こそイエス・キリストの誕生の真の意味を伝える場所なのです。

いつも明るく前向きに生きているハンセン病の人たち

名古屋学院というミッションスクールがあります。そこで学院長を長くやっておられた西村清先生がある本の中に書いておられました。大学時代にクリスチャンになった彼は、夏休みに瀬戸内海にあるハンセン病の島を訪れてボランティア活動を行いました。

ハンセン病の方々のために道路に砂利を入れ、ドブさらいをし、草を刈ろうと思って行った時に、クリスチャンの患者さんたちに出会いました。彼らは指や手、目や鼻がなかったりします。まさに不幸とか悲惨としか言いようのない状況にあるのですが、いつも明るく前向きに生きている姿に驚いたそうです。

教会の礼拝に出席したところ、そこにもたくさんの患者さんが集まっていて、大きな声で賛美歌を歌っています。牧師が「聖書を読みましょう」と言うと、聖書を開いて読みます。目を失ってしまった方は点字の聖書を手で、手の感覚がない方は唇《くちびる》で、唇の感覚のない方は舌で点字を読みながら、まさに点字の聖書をベトにしながら読み、しかも明るい顔で感謝しながら生きている。そして大学生の西村先生をはじめ、学生のために祈ってくれた。

最初、自分たちが何かしてあげようと思っていたのは一体なんだったのか。五体満足でありながら、いつも人生に不平不満ばかり言ってもうだめだと嘆いている自分たちは一体なんだったのかと、その時思わされた。どんなに悲惨な状況にあろうと、絶望のどん底にあろうと、人はイエス・キリストが心に宿ったときに変わるのです。

人生の転機

キリストの生誕以前を紀元前（BC＝Before Christ）、キリストの生誕後を紀元（AD＝Anno Domini／ラテン語で主の年）と呼んでいます。歴史は、イエス・キリストの誕生を境にして変わりました。同様に私たちの人生も、私たちの心にイエス・キリストが誕生された時から明らかに変わっていきます。寂しさや孤独、空しさや劣等感にさいなまれていた心が、イエス・キリストの命が、愛が宿ったときに、喜びと平安、感謝と希望の人生へと変えられていくのです。

イエス・キリストの誕生は二千年前の出来事ではなく、今日の出来事でもあるのです。ぜひこの一週間、イエス・キリストをしっかりと見つめる機会となさっていただきたいと思っています。そしてこの救い主が皆さんの心に宿ったときに、本当にすばらしい人生に変えられていくと私は信じています。

五〇メートルプールを泳ぎきった青年が別荘の一つを手に入れましたが、もっとすばらしい新しい人生が皆さんのものになることを心から信じています。皆様の上に豊かな祝福がありますようにお祈りします。

第2話

「あなたが生きるためなら、命もいらない」

――イエスの福音

帰るべき故郷

もう亡くなってしまいましたが、私には目が見えない叔父がおりました。その叔父は生まれつき見えなかったわけではなくて、中学校を卒業した頃からだんだん視力が落ちていって、お医者さんから、「やがて見えなくなるだろう」と言われてしまったのです。視力が弱っていく不安の中で、彼は千葉の片田舎で暮らしていましたが、東京に出て鍼灸《しんきゅう》師の資格を取ろうと、旅立つことになりました。

その田舎の小さな駅に立った時、母親が見送りに来てくれました。彼は将来に対する大きな不安を抱えながら、気丈な決意で母親にこう言ったそうです。「母さん、東京で一生懸命勉強する。もし一人前になることができなかったら、二度とこの故郷には帰ってこないから」。すると母親が、「そうじゃないよ。お前が成功したら二度と帰ってくる必要なんかないんだ。でも、失敗したらいつでも帰っておいで。母さんはいつでもお前のことを待っているから」。この言葉に深い感銘を受けて、叔父は旅立ったのです。

やがて学びを終えて、多くの方々の体と心を癒《いや》し、その生涯を全うしました。人生の途中でイエス・キリストに出会い、神を信じる信仰者として生涯を全うできたことは本当に幸いなことだったと思います。

私たちにとって、帰るべき故郷があるということは本当に幸せなことだと思います。私たちがたとえどんな状況になろうとも、いつも扉を開けて待ってくれる家があるということ。これは私たちにとって大いなる慰めであり、励ましではないかと思います。

グッドニュース

二千年前、イエス・キリストがこの地上に来られて、三十歳になった時に宣教を始めます。まさにキリスト、救い主としての働きを始めるわけですが、その時のことを聖書はこのように記しています。

「イエスはガリラヤへ行き、神の福音を宣べ伝えて、『時は満ち、神の国は近づいた。悔い改めて福音を信じなさい』と言われた」(マルコによる福音書一章一四、一五節)。

神の御計画に従って、いよいよこの時がやってきました。聖書には神の国という言葉がたくさん出てきます。神の愛と恵みが支配するところ、それが神の国です。地理的な領土ではありません。まさに私たちの心の中に神の愛と恵みが支配したときに、神の国が樹立するのです。

天はまさに神の国です。イエス・キリストはそこから神の愛と恵みの支配を自ら持ってこの地上に飛び降りてこられました。もう神の愛と恵みがあなたのすぐそばに来ている。イエス・キリストが来たということは、そういう意味なのです。

そこで、悔い改めてこの福音、グッドニュースを聞きなさい、信じなさいと言います。悔い改めるという言葉は聖書によく出てきます。悔い改めるとは、一八〇度の方向転換を意味します。

信じるということ、信仰するということを、パウル・ティリッヒという二十世紀のアメリカが生んだ最大の神学者は、「信仰とは受容の受容である」と言っています。たとえ私たちがどんな状況にあろうとも、まず神様があるがままの私たちを愛し、肯定し、受け入れてくださる。この事実を私が受け入れること。これが信仰だ、というのです。

すでに神の愛と恵みによって、あるがままのあなたが、そのままのあなたが神によってしっかりと抱き留められていることをあなた自身が受け止めたとき、あなたはまさに神の国にいるのだ。神の愛と恵みの支配の中にいるのだ。そうキリストは宣言されたのです。わたしがこの地上に来たということは、天の父があなたをすでに愛し、赦《ゆる》し、受け入れ、肯定しておられることの宣言なのだ。だから今神の方へ向きを変えなさい。これがキリストの最初の福音でした。イエス・キリストが私たちに伝えようとされたグッドニュースとは、まさにそのようなものだったのです。

他力の信仰

福井県は浄土真宗が非常に盛んなところです。倉田百三《ひゃくぞう》という劇作家が二十代の頃に書いた作品の一つに『出家とその弟子』という代表作があります。出家するのが親鸞《しんらん》で、その弟子が唯円《ゆいえん》です。この唯円がのちに『歎異抄《たんにしょう》』を編纂《へんさん》しました。唯円は親鸞にとっては非常に重要な弟子です。この唯円が幼い頃のことを書いた戯曲の第一幕に、左衛門《ざえもん》という唯円の父親の物語が出てきます。

左衛門は、侍《さむらい》崩れの猟師でした。同時に金貸しもしていました。ところが彼はその人生経験から、「世の中、善人は損をする。正直者は馬鹿を見る」という教訓を痛く感じていたのです。人は強く、悪く生きていかなければ、この世の中を生き延びていくことはできないと考えていたのです。でも根が優しいので、そこで苦しむわけです。金貸しというのは、ペコペコ頭を下げてくる人にお金を貸す商売ですが、借金を取り立てに行くと、やはり頭をペコペコ下げてなかなか返してくれない。そこで強く出ればいいのでしょうが、悪くも強くもなりきれない。その自分に歯がゆさを感じ、みじめさを覚えている。そういう男なのです。

ある冬の晩、旅の途中の親鸞が二人の弟子を連れて、「旅の坊主ですが、どうか今晩、一晩泊めてやってください」と、左衛門の家の扉をたたきました。左衛門は、「坊主は偉そうなことを言うけれど、そんな話は何の役にも立たない。坊主は嫌いだ」と言って拒否します。親鸞は、「せめて軒下だけでも」と頼むのですが、「冗談じゃない」と言われて追い払われてしまう。親鸞は二人の弟子と肩を落としてその家を去っていきます。

ところが、追い出したものの、左衛門の心は穏やかではなかった。本当にすまないことをしたと眠ることができず、「今のお坊さんたちを追いかけろ」と妻に言って雪の中に出し、妻が親鸞と二人の弟子を捜して家に呼び戻したのです。

そこで、左衛門が自分の心の内を打ち明けます。「強く、悪く生きていこうと思うが、それができない。一体どうやって生きていくべきなのか」と問いかけた時に、親鸞が左衛門にこう言ったのです。「人間は誰もみな罪を犯し、悪いことをする。私もまた、罪人です」。お坊さんが自分のことを罪人だと宣言するのを、左衛門は今まであまり聞いたことがなかった。びっくりして、「えっ、あなたも罪人ですか？」と聞き返すのです。「私はあなたに追われて雪の中をさまよっている時に、あなたを恨む思いが心をかすめました。このような罪を持つ者は、地獄に落ちなければなりません。そのためにも、地獄はなければならないと思います」。人を恨む。人を憎む。そういう罪を持っているこの自分は、地獄で罰せられるしかないんだ、地獄はなければならないんだ、と親鸞は言うのです。

そして、さらにこう続けます。「しかし、地獄がなければならないとするならば、そこから免れる道もまた、なければならないと思います」「自分も地獄へ行くことを恐れていた。では、地獄から免れる道とはなんなのだろうか」と左衛門の目が輝いた時に、親鸞はこう言います。

「これまで出家は善行で極楽に行けると教えてきましたが、私はそれを信じません。人間、良くならなければ極楽に行けないのなら、もう望みはありません。それならば、私は地獄行きです」

良くなろうとしながら、良くはなれない人間の実態。昔、「わかっちゃいるけどやめられない」というスーダラ節がはやりましたが、良くなろうとしながら良くなることのできない人間。それを親鸞は自分の中に見ていたのです。

親鸞はこう続けます。「でも仏様は、私たちを悪いままで助けてくださいます。罪を赦してくださいます。それが、仏様の慈悲です。私はそれを信じます。そう信じなければ、生きていけません」。左衛門は、「たとえどんな罪を犯していても、それでも救われていくのですか？」と尋ねます。親鸞は、「そうです。それが他力の信心です」と応える。

左衛門は、その言葉に初めて光を見た思いがして、「その救いなら信じられます」と言うのです。親鸞という方は、人間のうちに潜んでいる業《ごう》の強さ、つまり罪の深さというものをよく知っていたと思います。この彼が浄土真宗を開いていくわけですが、彼はその師である法然《ほうねん》の影響を強く受けました。法然は歴史的に言えば、中国に渡って仏教を学んだ時に、原始キリスト教としての景教に触れたといわれています。

キリシタンの見た真宗

島根県大田市にはたくさんの大きなお寺があります。その一つを訪ねた時、『キリシタンが見た真宗』という本を買ってきました。最初イエズス会の宣教師たちが日本にやってきた時、一向宗、浄土真宗の方々に触れ、びっくりしたそうです。日本にはルター派の信仰による義、聖書の救いの世界がすでに説かれている、しかも本当に易しく説かれている、と。

宗教改革でカトリックからプロテスタント教会が分かれた時に、プロテスタント教会は人々にわかる言葉で聖書の教えを伝えはじめました。それまでラテン語でしか読むことのできなかった聖書がドイツ語に訳されて、民衆がみな聖書を読めるようになりました。祈祷文を読んで祈っていた人々が、自由に自分の言葉で祈ることができるようになりました。グレゴリオ聖歌という特別な音楽で歌われていたものが、当時のいわゆる流行歌に神様をほめたたえる歌詞が載って、賛美歌が作られるようになりました。つまり、信仰の世界が民衆の日常生活の中に入ってきて、人々が神様をほめたたえ、神様に感謝し、神様を理解するようになっていったのです。それと同じ動きが日本にあり、カトリックの宣教師たちがびっくりしたというのです。蓮如《れんにょ》が易しい言葉で仏の道を説きました。そこで説かれているのがまさに他力の信仰、自分の力で救われるのではなく、仏様にすがって「南無阿弥陀仏《なむあみだぶつ》」と唱えることによって救われていくという道がそこに説かれているのにびっくりしたというのです。

天の国、神の国とは？

イエス・キリストは、「神の国は近づいた」と言われました。神はすでに、ありのままのあなたを受け入れ、赦し、愛してくださっている。この神の国、神の腕の中に帰っておいで。悔い改めて、この喜びのメッセージを信じなさい。受け入れなさい。神がすでに受け入れてくださっていることをあなたも受け入れなさい。そう説いたわけです。

「天の国」――これは神の国と同じです。他の福音書では「神の国」と言われているところが、マタイによる福音書の中では「天の国」と表現されています。マタイは、ユダヤ人を意識してイエス・キリストの物語を書いたといわれています。十戒の第三条に、「神の名をみだりに唱えてはならない」という言葉があるので、神の国を天の国とマタイは言い換えたのです。この天国のメッセージがどれほどすばらしいかということを、イエス・キリストはマタイによる福音書一三章四四節のたとえを通して、次のように語られました。

「天の国は次のようにたとえられる。畑に宝が隠されている。見つけた人は、そのまま隠しておき、喜びながら帰り、持ち物をすっかり売り払って、その畑を買う」

この農夫は貧しくて、自分の畑を持っていないのです。ですから大地主の畑を借りて、その片隅で作物を作って生計を立てている。借りている畑を耕していたら宝が隠されていたのです。当時は銀行がなかったので、金持ちは宝やお金を地面に穴を掘って隠しておく、ということがよくあったそうです。

ところが、隠した場所をたびたび忘れてしまう。この大地主もたくさんの宝を持っていて、ある場所に隠しておいた。ところが、すっかり忘れて、そこをこの貧しい男に貸していたわけです。その畑で貧しい農夫は作物を作っていました。そこを耕していたら、宝が隠されていたのです。そこで彼は、そのまま隠しておいて、喜びながら帰って、自分の全財産を売り払ってお金にするわけです。そして大地主のところに行って、「あの場所、あそこだけでいいですから私に譲ってください。お金はここにあります」とお願いする。大地主は宝を隠していることをすっかり忘れていたので、「ああ、いいよ。そこだけ売ってやるよ」と。宝はその土地の持ち主のものになるので、彼は宝を得ることができたのです。

天の国というのはそういうものだ。あなたの持っているすべてを売り払っても、この神の国のメッセージを聞いた時に、神の国にあなた自身が入るということは、それほどの大いなる喜びと平安と希望を与えてくれるものなのだ。いつでも帰っておいで。失敗したら、遠慮なく帰っておいで。

神の国は、私たちにとってそういう家庭のようなところです。そこで父なる神が手を広げて待っていてくれる。これは私たちにとって大いなる喜びです。

僧侶から牧師へ

日本には仏教の宗派がいろいろありますので、少しずつその教えが違うのだろうと思いますが、数年前に一人の日蓮宗のお坊さんがクリスチャンになりました。お寺の多くは親から子どもへ代々世襲されていきます。このお坊さんは、父親が亡くなる時に枕元へ呼び寄せられて、後はお前に任せたと手を握られ、「わかった」と言ってそのお寺を引き継いだのです。

日蓮宗のお坊さんになるためには大変な修行が必要だそうで、彼は学校で学ぶと同時に、修行にも出ました。午前二時に起きて水を浴び、「南無妙法蓮華経《なむみょうほうれんげきょう》……」とお経を読む。また水をかぶり、食事をしてお経を読み、水をかぶるという生活をして、夜の十二時までそれを続け、また二時に起きる。睡眠時間はたったの二時間です。これを三か月続けるそうです。この過酷な修行の中で、体の弱い者は病に倒れ、死者も出る。そういう荒行を経て、お寺を継ぐわけです。一生懸命に仏の道を説いておりました。

ところが、こともあろうに、お寺に生まれたお姉さんがクリスチャンになり、ある牧師さんと結婚します。それだけでなく、弟であるこのお坊さんに聖書を読むように強く勧めたのです。仕方なく読み始めたところ、聖書の世界にぐいぐいと引き込まれ、イエス・キリストにどんどん惹《ひ》かれていったのです。遠方の教会にすばらしい牧師さんがいるということで、奥さんと二人でお寺を休みにして飛行機に乗って聖書研究に出かけました。

されど、お寺のお坊さんですから、簡単にクリスチャンになるわけにもいかず、本当に悩んだそうです。ある時ついに、聖書研究をしてくれている牧師さんに、「先生、私は仏に仕え、キリストにも仕える新しい宗教を創ろうと思っているのですが、いかがでしょうか」と相談しました。彼の悩みを知っている牧師さんは、「うん、それもなかなかいい考えかもしれない」と答えたそうです。牧師さんが奥さんに、「実は御主人がこんなことで悩んでいて、私はこのように答えたんだ」と言ったら、「あなたは本当に適当なんだから」と、奥さんにこっぴどく叱られたそうです。

そんなある日、いつものようにお坊さんが奥さんと一緒にこの牧師さんのところに来て、聖書研究をしました。その晩ホテルに泊まって、次の日に飛行機でお寺に帰ろうとしていた時に、奥さんが居住まいを正してお坊さんに迫ったのです。「あなた。いつまでこんな生活をされるおつもりなんですか？　仏の道でいくのか、キリストの道でいくのか、どちらかはっきり決めてください。私はあなたが決めた道ならどちらでもついていきますから」。そう迫られて、お坊さんはしばらくうなって考えてしまいました。やがて、こう言ったそうです。「私はもう、自分の努力で救いを得ようとするこの道に疲れた。あとはもう、すべてをキリストにお任せして、大きな安心を得たい」

その晩、このお坊さんはキリストを信じる道を選んだのです。そしたら本当に不思議なことに、肩からスーッと重荷がとれて、心が軽やかになり、今まで経験したことのない喜びがどんどん湧いてきたというのです。もう、うれしくてたまらなくなってしまった。

とはいえ、明日から「私はクリスチャンになります！」と言うわけにもいかないので、お寺では相変わらず、後継者が見つかるまで説法をし、時々片隅で聖書研究をするという二重生活を送っていました。朝早くお堂に出て、木魚をたたきながらお経を唱えるわけですが、イエス・キリストでいく、と決めた日から言葉が変わってしまったのです。それまでは「南無妙法蓮華経」ポクポクとやっていたわけですが、イエス・キリストを選んだその日から、「ハレルヤ、アーメン」ポクポク。もう、うれしくてうれしくて仕方がなかった。ハレルヤというのは昔のヘブライ人が使っていた言葉で、「ハレル」は、ほめたたえよ、賛美せよ。「ヤ」は、ヤハウェなる主。「アーメン」というのは、真実です、本当ですという意味。主をほめたたえよ、本当です……と、彼は毎朝うれしくて木魚をたたきながらそう言っていたのです。

ついにお寺の後継者が見つかって、晴れて住職の座を退き、彼はクリスチャンになります。その時、沈めのバプテスマというものを受けたのです。水の中にザバーッと沈んで、生まれ変わっていく。聖書によりますと、これはまさに人が悔い改めて方向を変えて神の国に入る時の一つの儀式です。水の中に沈むことによって古い自分が死に、水の中から起き上がった時に新しい者としてよみがえるという象徴的な意味があります。彼もそのバプテスマを受けました。水からザバーッと上がった時に、町中に響くような大声で「ハレルヤ！」と叫んだそうです。

彼が発見した天の国、神の国。神によってすでに愛され、受け入れられ、赦されているという確信。これは、彼がすべてを捨てても惜しくない喜び、平安だったのです。彼は今、牧師として、日本のどこかで神の国について宣べ伝えていると思います。

無条件の愛

この神の国について、ある時イエスは、放蕩《ほうとう》息子のたとえ話（ルカによる福音書一五章一一～三二節）を語られました。ちょっと長いのですが、有名な話です。

「ある人に息子が二人いた。弟の方が父親に、『お父さん、わたしが頂くことになっている財産の分け前をください』と言った。それで、父親は財産を二人に分けてやった」（一一、一二節）。

ある時、弟息子が、「お父さんが死んだ時に僕にくれるはずの遺産を今ください」と言ったのです。当時のユダヤの文化と同じ文化を持っている中近東の人々にこの物語を読んで聞かせると、びっくりするそうです。こんな失礼なことを言う息子はいない、と。これは言葉を換えて言えば、「親父、早く死ねよ」という意味なのです。

実は、このたとえにおいて、父親とこの子どもたちは神様と人間の関係を表しています。つまり、人間は元来神と共にいるように造られたのですが、それを束縛のように感じ始めた。そして、神を殺すのです。神がいなければもっと自由に生きられる、と。

ドストエフスキーというロシアの作家がある作品の中で、「もし神がいなければ、すべてが許される」と語りました。神がいなければ人間は何をやっても自由じゃないか。神を殺したい！ もっと自分の思いのままに生きていきたい！ 人間のいちばん奥深いところにある罪の欲望です。弟はまさにそれを語ったのです。神を殺して自由に生きていきたい、と。

「何日もたたないうちに、下の息子は全部を金に換えて、遠い国に旅立ち、そこで放蕩の限りを尽くして、財産を無駄遣いしてしまった」（一三節）。受け継いだ遺産には父親の形見もありました。家族の思い出の品もありました。自分は家を捨てるんだから、こんなものはいらない。彼は財産のすべてをお金に換えて、遠い国に旅立ったのです。そして放蕩の限りを尽くし、財産を無駄遣いしてしまった。最初はお金目当てにたくさんの友だちが寄ってきましたが、財産を使い果たした時に、みんな散っていきました。

「何もかも使い果たしたとき、その地方にひどい飢饉《ききん》が起こって、彼は食べるにも困り始めた。それで、その地方に住むある人のところに身を寄せたところ、その人は彼を畑にやって豚の世話をさせた」（一四、一五節）。ユダヤ人にとって豚は汚れた動物であり、豚の世話をするとは、人間としての尊厳を捨てたことになります。そこまで落ちてしまったのです。

「彼は豚の食べるいなご豆を食べてでも腹を満たしたかったが、食べ物をくれる人は誰もいなかった。そこで、彼は我に返って言った。『父のところでは、あんなに大勢の雇い人に、有り余るほどパンがあるのに、わたしはここで飢え死にしそうだ。ここをたち、父のところに行って言おう。「お父さん、わたしは天に対しても、またお父さんに対しても罪を犯しました。もう息子と呼ばれる資格はありません。雇い人の一人にしてください」と。』そして、彼はそこをたち、父親のもとに行った。ところが、まだ遠く離れていたのに、父親は息子を見つけて、憐れに思い、走り寄って首を抱き、接吻した」(一六～二〇節)。

弟息子は悔い改めて、それまで背を向けていた家に方向転換して、帰っていきました。「憐れに思う」とはギリシャ語で「はらわたが痛む」という意味があります。息子がぼろぼろになって、ようやくこっちに向かって帰ってくるのを見た時に、父親のはらわたが痛んだのです。

中近東の方々がこの物語を読んで信じられないというもう一つの点は、父親が自分の子どもに向かって走り寄るなどということは自分たちの文化にはないということです。父親はそこまで息子を憐れに思い、いとおしく思って走り寄り、首を抱き、接吻しました。この行動の中にそのすべてが込められていたのです。

息子は、「もう自分は息子と呼ばれる資格はないので雇い人(奴隷)にしてくださいい」と言おうとしたのですが、父親はそれをさえぎり、僕《しもべ》たちに、「急いでいちばん良い服を持って来て、この子に着せ、手に指輪をはめてやり、足に履き物を履かせなさい」と命じたのです(二二節)。長い着物、指輪、履き物は自由人のしるしです。奴隷が決して着ることのできなかった服、決してはめることのできなかった指輪、決して履くことのできなかった履き物を、父親は無条件で息子に差し出したのです。

『それから、肥えた子牛を連れて来て屠《ほふ》りなさい。食べて祝おう。この息子は、死んでいたのに生き返り、いなくなっていたのに見つかったからだ。』そして、祝宴を始めた」(二三、二四節)。

これが、神の国のメッセージ、福音です。天の父は、私たちが神の招きに応えて神の国に帰ってくるのを、今もなお手を広げて待っておられます。私たちが方向を変えて悔い改め、神の国に向かおうとしたら、向こうから走ってきて私たちを抱きしめ、接吻し、自由人のしるしとして、私たちを子どもとして招いてくださる。それをキリストはこのたとえ話で語ったのです。

お前がどれほどまじめに悔い改め、反省したのか、半年間見てやる。お前がよく働いたら、そのとき初めて認めてやろうじゃないか。そんな条件は一切なかったのです。神はすでに私たちを赦し、肯定し、受け入れているという宣言なのです。何の条件もなく、帰ってくる者を心から抱きしめてくれる。それをキリストは福音として伝えたのです。

不思議な光

クリスチャン作家の三浦綾子さんは一九九九年に亡くなりました。彼女は、第二次世界大戦の時に小学校の教師をしておりました。七年間、本当に熱心に教壇に立って子どもたちを教えました。「この日本は神国である。天皇は神である。日本国民は天皇の国民である。日本国民が天皇のために死ぬのは義務である。この戦争に日本は必ず勝つ。天皇のために喜んで命をささげよう！」と、教師として彼女は教えられたとおり、忠実に子どもたちに語ったのです。

ところが、日本は戦争に負けました。天皇は、自分は神ではない、人間であると宣言したのです。びっくりしました。昨日までこれが真理だと教えられてきたことが、あっという間にひっくり返ってしまった。進駐軍がやってきて、子どもたちは国定教科書に墨を塗っていくわけです。綾子さんは指定された場所を子どもたちに伝え、子どもたちは黙々と墨を塗ってその言葉を消していく。そんな子どもたちの姿を見て、綾子さんは泣きます。自分は一体何をしてきたんだろうか。真理というのは時代と共に変わってしまうのだろうか。自分はもう、教師として立つことができない。こんな自分は乞食《こじき》になった方がいい。そして教壇を去ります。

本当に心がむなしくなりました。あんなにまじめに教師をやってきたのに、すべてが裏切られたような思いがしました。彼女の心に巣くったこの空しさは、誰も、何ものも埋めることができなかったのです。体が病み、心も病んで、どうしようもなくなっていく。ついにある日、オホーツク海に身を沈めて死のうと思ったけど、死にきれない。そんな自分にまた腹が立って、どうしようもなくなった。

そんなある時、幼なじみの前川正さんに会ったのです。彼はクリスチャンで、あれこれと世話を焼いてくれました。その前川さんに彼女は、「自分は死のうと思ったけど死にきれなかった」と告白します。その時に前川さんは、真剣に綾子さんを見つめてこう言います。「綾ちゃん、おねがいだから、もっとまじめに生きてください。死のうなんて考えないでください」。すると綾子さんは、「まじめっていったいどんなことなの？　何のためにまじめに生きなければならないの。わたしは馬鹿みたいに大まじめに生きてきたわ。まじめに生きてきてわたしはただ傷ついただけじゃないの」。確かに、彼女ほどまじめに、熱心に生きてきた教師はいなかったのです。だから傷ついた。前川さんはこの言葉に返す言葉が見つからなかったのです。

しばらく沈黙したのち、前川さんはこう言います。「綾ちゃんの言うことは、よくわかるつもりです。しかし、だからと言って、綾ちゃんの今の生き方がいいとはぼくには思えませんね。今の綾ちゃんの生き方は、あまりに惨め過ぎますよ。自分をもっと大切にする生き方を見いだせなくては……」。言葉が途切れた前川さんは、大粒の涙をこぼしながら泣いていたのです。綾子さんはそれを冷ややかに見て、タバコに火をつけました。

そんな彼女を見た時に、前川さんは、「綾ちゃん！　だめだ。あなたはそのままではまた死んでしまう！」と叫んで地面から石を一つ取り上げると、その石で思い切り自分の足をガツン、ガツンとたたきはじめたのです。さすがにびっくりした綾子さんが止めようとすると、前川さんはその手をとって、「綾ちゃん、ぼくは今まで、綾ちゃんが元気で生きつづけてくれるようにと、どんなに激しく祈ってきたかわかりませんよ。綾ちゃんが生きるためになら、自分の命もいらないと思ったほどでした。けれども信仰のうすいぼくには、あなたを救う力がないことを思い知らされたのです。だから、不甲斐《ふがい》のない自分を罰するために、こうして自分を打ちつけてやるのです」と言ってまた打ち続ける。この言葉に綾子さんは茫然《ぼうぜん》として、涙がこぼれました。久しぶりに流す人間らしい涙であったと、綾子さん自身が書いています。

そして前川さんを見ながら、だまされたと思って、私はこの人の生き方についていってみよう、と考えたのです。綾子さんは、前川さんの人間として彼女を思う愛を感じました。そして、自分を責めて自分の足を打ち続ける彼を見ながら、彼の背後に何か不思議な光を見たのです。この光は、もしかしたら彼が話しているイエス・キリストなのかもしれない。そうならば、私も彼の信じるキリストを、私なりに尋ねてみよう。その日から彼女は酒とタバコをやめて、聖書を学び、イエス・キリストを尋ねはじめたのです。

やがて綾子さんは、イエス・キリストに出会います。心の中にあった空しさがすべて追い払われ、平安と喜びが彼女の心の中に戻ってきました。神の国はすでに彼女の傍らにあったのです。

一通の手紙

私は九年ほど、広島三育学院という全寮制のミッションスクールで高校の聖書の教師をしておりました。ある日、一人の女生徒が入学してきました。彼女は私が東京で牧師をしていた頃、教会に時々来ていました。当時は小学生でした。

彼女の父親は幼い頃に亡くなり、母親は私と一緒に聖書研究をしていたグループの一人でしたが、決して神を信じ受け入れることはありませんでした。彼女は三人兄妹の末っ子で、二人の兄が知的な障害を持っていたのです。この二人の男の子を、母親は小さな娘と一緒に育てなければならなかった。夫が早くに亡くなってしまったので、その重荷を一身に背負いながら、一体どこに神の愛があるのかと思っていたのでしょう。

彼女は小学校の頃から二人の兄の世話をしてきました。彼女は将来を考えると、絶望感に襲われるのです。お母さんが倒れたら、この二人のお兄ちゃんは誰が面倒を見るのか。私しかいない、と思うと、やるせなくなる。母親はそんな娘の気持ちがよくわかっていたので、せめて高校生の三年間、自分一人で二人の息子の面倒を見て、この娘に青春を与えたいと決意し、遠く離れた広島の学校に娘を送り出したのだと思います。

当初、彼女は神の愛も、神の国も信じられませんでした。神が私を愛してくれているのであれば、なぜお父さんが早く死んでしまったの？　どうして二人のお兄ちゃんは障害を持っているの？　入学してすぐ、彼女は私のところにやってきて、二人のお兄ちゃんが知的な障害を持っていることはみんなに言わないでほしいと言いました。彼女にとっては誰にも知られたくない、恥ずかしいことだったのです。

そんな彼女は、毎日聖書を学び、神様を礼拝する生活を続けていくうちに、心がだんだん開かれていきました。そしてついに、三年生の二学期にイエス・キリストを受け入れてバプテスマ（洗礼）を受けたのです。その後、彼女は私に一通の手紙をくれました。

「私は今まで、自分の人生は不幸だと思ってきました。でも、この世の中に本当に不幸なことなどないのだと思うようになりました。神様は私に、他の人とは違う特別な人生を与えてくれたのだと思えるようになりました。神様が私を愛してくれているということは、私に二人の知的障害を持っているお兄ちゃんがいるということでは計れないことなのだと思います。神様は、今でも私を愛してくれている。受け入れてくれている。それだけで私は元気になれます」と書いてあったのです。びっくりしました。

神様によって自分自身が受け入れられていると知った彼女は、自分の環境も状況も家族も全部受け入れるようになりました。卒業生が在校生に言葉を残す特別な一週間の時に、彼女は初めて同級生や下級生の前で、「私には、二人の知的障害を持った兄がいます」と話したのです。それはもはや、彼女にとって恥ずかしいことではありませんでした。そのことを通して、神様は自分に他の人とは違う特別な人生を与えてくれているということを、イエス・キリストを受け入れた時に考えることができるようになったのです。まさに、神の国の中に彼女が入った時に、周りの状況が違って見えてきたのです。自分が神に愛されている者として神にしっかりと抱かれた時に、自分の状況は決して不幸などではなくて、特別なのだと思えるようになったのです。

今日、神様も私たち一人ひとりを、神の愛と恵みが支配する神の国へと招いてくださっています。神様が今日、この私を受け入れ愛してくださっていることを、信仰を持って受け入れたいと思います。その時に、神様の心と私たちは一つとなって、私たちの中に言いようのない解放感や喜びがあふれ、平安が私たちを包み込んでくれます。どうか神様の豊かな祝福がお一人おひとりの上にあって、イエス・キリストの、「時は満ち、神の国は近づいた。わたしはすでにあなたのすぐそばに来ている。悔い改めて、この福音、このすばらしいニュースを信じなさい。受け取りなさい」という招きに応えていただきたいと思います。

「私もあなたを赦《ゆる》します」

――イエスの愛

第3話

受けるよりは与える方が幸いである

アメリカに一人の牧師がいました。たまたま油田を掘り当てて大金持ちになった兄が、貧しい牧師の弟に新車をプレゼントしました。自分の給料ではとても買えないようなすばらしい新車をもらった彼は、うれしくて仕方がありませんでした。

ある日、少し時間ができたので、その新車でドライブをしようと思って、口笛を吹きながら車に近づいていったのです。すると、みすぼらしい身なりをした少年が一生懸命に窓から新車の中をのぞいておりました。

牧師が近づいていくと、振り返ってこう尋ねたのです。「ねえ、おじさん、これおじさんの車?」「うん、そうだよ」「いくらしたの?」「いや、おじさんは値段を知らないんだ。おじさんの兄さんがお金持ちになって、この新車をプレゼントしてくれたんだよ」。少年は「ふーん」と言って、しばらくうつむいてしまったのです。

牧師は、「あ、まずかった。きっとこの子は自分にもそんな金持ちの親戚がいたらいいのにと思ったに違いない。傷つけてしまったかもしれない」と思ったのです。しかし、少年はこう言いました。「おじさん、僕も大きくなったらこんな車をプレゼントできる人になりたいなあ」。牧師は感動して、「そうか、じゃあ君、今日はこの車で僕とドライブしてみるか」と言ってドライブに誘ったのです。少年は喜んで助手席に乗り込み、二人で楽しいドライブのひと時を過ごしました。

いよいよ帰る時間になりました。すると少年はこう言いました。「ねえ、おじさん、ちょっとだけ僕の家に寄ってくれないかな」「ああいいよ」。きっと家族や友だちにこの車でドライブしたことを自慢したいんだろうと思って、牧師は少年に案内されるがまま少年の家に向かいました。貧しいアパートの二階に少年の家があります。「おじさん、ちょっとここで待っててね！」と言うと、少年はその階段をトントンと走って上り、一室に入って、しばらく出てきませんでした。

やがて少年は、足の不自由な弟を抱きかかえて出てきたのです。ゆっくりと階段を下りて、その弟を車の隣まで運んできました。そしてこう言ったのです。「僕は今日、この車でドライブしたんだよ。いいか、僕が大きくなったら必ずお前にこんな車をプレゼントするからな」。牧師は再び深い感動を覚えました。

パウロという人がいます。彼は、この人がいなければキリスト教は世界宗教にならなかったといわれる初代教会の伝道者ですが、使徒言行録二〇章三五節でこう述べています。

「あなたがたもこのように働いて弱い者を助けるように、また、主イエス御自身が『受けるよりは与える方が幸いである』と言われた言葉を思い出すようにと、わたしはいつも身をもって示してきました」

「受けるよりは与える方が幸いである」という言葉は、イエス・キリストの物語を記した四つの福音書には出てきません。おそらくパウロが弟子の誰かから聞いた言葉だと思います。

すべてを与えていく愛。これがキリストの愛でした。今日はそんなキリストの幾つかの物語を御一緒に考えていきたいと思います。

重い皮膚病患者の切なる願い

当時のユダヤの社会では、三種類の人々が嫌われていました。重い皮膚病の人、徴税人、それに売春婦です。では、キリストはそういう人たちに対してどういう対応をなさったのか。聖書の記録から見ていきたいと思います。

まずは、重い皮膚病を患っている人。古い訳では「らい病」と訳されています。

「さて、重い皮膚病を患っている人が、イエスのところに来てひざまずいて願い、

『御心ならば、わたしを清くすることがおできになります』と言った。イエスが深く憐れんで、手を差し伸べてその人に触れ、『よろしい。清くなれ』と言われると、たちまち重い皮膚病は去り、その人は清くなった」（マルコによる福音書一章四〇～四二節）。

当時、この病気にかかった人たちは、家族と一緒に町の中に住むことができませんでした。エルサレムの城壁の外側に住んでいた彼らは、破れた服を着て、口から下にいつも覆いをしていました。食べ物は城壁の中から時々運ばれてきます。彼らが城壁の中に入るときは、大きな声で「ターメー、ターメー」と叫びながら走らなければなりませんでした。ターメーというのは、汚れた者という意味です。汚れた者が通る、汚れた者が通る、と叫ばなければならなかった。

この重い皮膚病は、当時、天刑病と呼ばれていました。重い罪を犯した刑罰としてこの病気が与えられたと人々は見ていたのです。ですから、彼らが通るときは一・二メートル以上近づいてはいけませんでした。もし自分が風上に立っていれば、三メートル以上離れていなければならなかったのです。もし彼らが健常者に触れるようなことがあれば、たちまち石打ちの刑で処刑されても何の文句も言えない、非常にさげすまれた存在だったのです。

この重い皮膚病を患った人がイエスのもとに近づいて懇願しました。「御心ならば、わたしを清くすることがおできになります」と。先ほど言いましたように、これは罪の病と言われておりましたので、わたしを治してくださるとか癒《いや》してくださるという言葉は使われないんです。罪が清められなければならないという意味があったんですね。御心ならば、もしあなたにその思いがあるならば、わたしを清めて、わたしの罪を赦し、この病から解放してください、とキリストに近づいていった。すると、イエスは深く憐れんで、手を差し伸べてその人に触れ、「よろしい。清くなれ」と言って彼をたちまち清くして皮膚病を治したのです。イエス・キリストはいつも、人々からさげすまれ、遠ざけられている者に自ら近づいていって、触れて、その人たちを重い軛《くびき》から解き放つ働きをしていたのです。

わたしが来たのは、病人を癒し、罪人を招くためである

次に嫌われていたのは徴税人です。最初の日にザアカイの物語を一緒に学びましたが、今日学ぶのはレビと呼ばれる男の物語です。マルコによる福音書二章一三節から御一緒に見てみたいと思います。

「イエスは、再び湖のほとりに出て行かれた。群衆が皆そばに集まって来たので、イエスは教えられた。そして通りがかりに、アルファイの子レビが収税所に座っているのを見かけて、『わたしに従いなさい』と言われた。彼は立ち上がってイエスに従った」(一三、一四節)。

カファルナウムという町が舞台になっています。そこは街道の分岐点で、通行税を取ることができる場所でした。そこにレビが、自分の人生はこれでいいんだろうかと迷いながら座っていたのです。親切な優しい言葉をかけてくれる人は誰もいません。通行人は彼を遠巻きにしながら去っていきました。

しかしそのレビを見た時に、イエス・キリストは、「わたしに従いなさい。わたしと一緒に来なさい」と招いてくれたのです。徴税人のレビは立ち上がってイエスに従っていきます。彼はイエスに教えを受け、人生がまるっきり変わり、十二弟子の一人になっていったのです。彼はうれしさのあまり宴会を開きました。

「イエスがレビの家で食事の席に着いておられたときのことである。多くの徴税人や罪人もイエスや弟子たちと同席していた」(一五節)。

考えられないことでした。罪人というのは犯罪者という意味ではなく、宗教的な戒めや戒律に対して無頓着な人たちです。キリストの周りに集まってきたのは、エリートではなかったのです。むしろ落ちこぼれ、みんなから嫌われている人たちでした。彼らはイエスの愛に癒されて、新しい人生がそこではじけて、幸せそうにニコニコしながら神様をほめたたえています。

ファリサイ派の律法学者たちは、イエスが罪人や徴税人と一緒に食事をしているのを見て、弟子たちに、なぜこのユダヤの社会通念と違ったことをするのか、ああいう人たちとは交わらないのが常識だろうと批判するわけです。

「イエスはこれを聞いて言われた。『医者を必要とするのは、丈夫な人ではなく病人である。わたしが来たのは、正しい人を招くためではなく、罪人を招くためである』」（一七節）。

わたしが来たのは、病人を癒し、罪人を招くためである。むしろ自分の中に劣等感や罪悪感を持ち、自分はダメな小さな人間だという感覚を持っている者を救い出すためにわたしは来たのだとキリストは言われるのです。これは自己認識の問題です。自分を見て、自分はひとかどの人間だとか、自分は他の人に比べればまともな人間だとか、そう思っている者はなかなかイエス・キリストを受け入れることは難しい。むしろ、自分の中に弱さや罪深さを感じているときに、イエス・キリストはまさに心を開いて迫り、愛の手を差し伸べてくれるのです。キリストはそういうお方でした。

わたしもあなたを罪に定めない

人々から嫌われる三番目の人間、売春婦。ヨハネによる福音書八章一節からの物語に出てくるのは売春婦ではありませんが、道徳観念の少ない女性です。

夜になってみんなが家に帰ったあと、イエスは帰る家がなくて、オリーブ山というエルサレムのすぐ隣にある山で野宿されました。

「朝早く、再び神殿の境内に入られると、民衆が皆、御自分のところにやって来たので、座って教え始められた」（二節）。朝早く、エルサレムの神殿にやってくると、たくさんの人がキリストの周りに教えを聞きたいと集まってきたのです。イエスはそこに座って教えられました。二千年前のユダヤの社会では、ラビ、教師と呼ばれる宗教指導者は座って教えました。学ぶ者は立っていたのです。ラビが座ると、いよいよこれから大切な教えが始まるという合図でした。朝、静かなひと時、イエス・キリストの深い教えが人々の心に届く、そういう時間帯での出来事でした。

「そこへ、律法学者たちやファリサイ派の人々が、姦通の現場で捕らえられた女を連れて来て、真ん中に立たせ、イエスに言った」（三、四節）。

律法学者というのは、旧約聖書を事細かに研究して、聖書に教えられている事柄を、私たちの日常生活にどう適応していったらいいのかということを研究していた人々です。彼らの研究していたことを聞いて、それを実生活の中で命がけで実践していたのがこのファリサイ派の人々です。みな、まじめな人々です。その律法学者やファリサイ派の人々が、姦通の現場で捕らえられた女を連れてきて、みんなの前に立たせて、イエスに迫ったのです。

「『先生、この女は姦通をしているときに捕まりました。こういう女は石で打ち殺せと、モーセは律法の中で命じています。ところで、あなたはどうお考えになりますか。』イエスを試して、訴える口実を得るために、こう言ったのである」（四〜六節）。

旧約聖書の申命記によると、婚約中に他の異性と関係を持った場合は石で打ち殺されると書いてあります。ですからこの女性は、婚約中の身でありながら他の男性と関係を持ったというように推察することができます。モーセは、こういう女は石で打ち殺さなければならないと言っていますが、日頃、愛や赦しを説いているあなたはどうしたらいいと思いますか、と迫ってきたのです。

もしここでイエスが、「そうか、そんなにひどい罪を犯したのか。では、モーセの律法に記されているとおり、この女を石で打ち殺せ」と言ったとすれば、この律法学者やファリサイ派の人々は、イエスをローマ帝国に訴えることができたのです。当時のユダヤの国はローマ帝国の支配下にありました。死刑の執行権というのはローマ帝国が握っていたのです。ローマの総督ピラトがその死刑を宣言しなければ、ユダヤ人を死刑にすることができませんでした。ですから、もしイエスが殺せと言えば、ローマの主権を侵すとんでもない人間だと言ってローマに訴えることができたのです。

逆に、イエスが、「殺してはいけない。このような罪を犯した者であっても、赦して寛容に取り扱え」と言えば、今度は彼らはユダヤ人たちに、「こいつはとんでもないやつだぞ。モーセの律法を無視し、台なしにするとんでもないやつだ」と訴えることができたのです。ですから殺せと言っても殺すなと言ってもイエスは訴えられる。そういうジレンマの中にあったわけです。

ところが、そのような状況の中でイエス・キリストは、しゃがみ込んで、指で地面に何か書いておられたのです。何を書いていたのでしょうか。何を書いていたかということについては、日本語訳の聖書には何も書いていませんが、アルメニア語訳の古い写本には、イエスはしゃがみ込んで、手に石を持って、怒りに震えている「人々の罪を地面に書いていた」と加えられています。つまりイエスがしゃがみ込んで書いていたのは、この女を石で打ち殺してもいいのかどうか、と訴えている人たちの罪だったのです。

「しかし、彼らがしつこく問い続けるので、イエスは身を起こして言われた。『あなたたちの中で罪を犯したことのない者が、まず、この女に石を投げなさい。』そしてまた、身をかがめて地面に書き続けられた」(七、八節)。

自分の犯した罪が次々に地面に書き続けられていく。そして、あなたがたの中で罪を犯したことのない者がまず、この女に石を投げつけるがいいだろうという言葉を聞いた時に、誰も石を投げることができなくなってしまったのです。

「これを聞いた者は、年長者から始まって、一人また一人と、立ち去ってしまい、イエスひとりと、真ん中にいた女が残った。イエスは、身を起こして言われた。『婦人よ、あの人たちはどこにいるのか。だれもあなたを罪に定めなかったのか。』女が、『主よ、だれも』と言うと、イエスは言われた。『わたしもあなたを罪に定めない。

行きなさい。これからは、もう罪を犯してはならない』」（九〜一一節）。

キリストは、「あなたたちの中で罪を犯したことのない者が、まず、この女に石を投げなさい」と言いました。結局、誰も投げつけることができなかった。みんな去っていきます。そしてただ一人、この女の人に石を投げつけることのできる者が残ったのです。それはイエス・キリストでした。しかしキリストは、「わたしもあなたを罪に定めない」と言ったのです。なぜキリストは罰しなかったのでしょうか。ヒューマニストだからでしょうか。

すべてを包み込むキリストの愛

ある時、一人の牧師がこの物語を読んでいたそうです。牧師ですから何度も読んだ物語なのですが、その日この物語を読んでいくうちに、一つの疑問が彼の心の中に生まれてきました。この最初に立ち去るべき年長者が非常に頑迷な者で、今問題なのは私たちの罪ではない。この女性の罪なのだ！と言い放って、今この女を罰しなくてどうする、と石を投げ始めたら、この物語はどう展開していくのだろうかという疑問でした。水戸黄門が印籠《いんろう》を差し出しても、誰も「へへー」と言わない。そういう状況になったらどうなってしまうのかと考えたのです。

何度も繰り返して読みながら、この牧師は、「わたしもあなたを罪に定めない」、口語訳聖書では「わたしもあなたを罰しない」と訳されているこのイエスの言葉を読み取って、「そうか。もし人々がこの女性に向かって一斉に石を投げつけはじめたら、必ずやキリストはその女性の前に立って、この女性の代わりに石を受けただろう。なぜなら、『わたしもあなたを罪に定めない』という言葉の背後には、『わたしはあなたの代わりに石を受けるためにこの世に来たのだから』というメッセージが隠されている」と気づいたのです。

確かに、イエス・キリストがこの罪を犯した女性を裁かなかったのは、御自身がこの女性の身代わりとなって裁かれるためでした。「わたしがあなたの代わりに裁かれるから、あなたは裁かれなくていい」と。明日、十字架のところで、最後にこの場面を考えていきたいと思います。

キリストはこうして、当時の社会においてさげすまれ、嫌われていた重い皮膚病の人も、徴税人も、そして不倫を犯してしまった姦通の女も、すべて愛で包み込んでいったのです。彼の社会的な名声や人々からの評判はすべて崩れていきます。しかし彼は、すべてを与えて彼らを生かそうとしたのです。

私もあの友人を赦します

「ミス青森」に選ばれた一人の女性の話です。その女性は顔が美しいだけではなく声もきれいで、銀行に勤めていたそうです。彼女がミス青森に選ばれて銀行の働きに戻った時に、彼女の周りにはたくさんの男性が群がり、近寄ってきました。彼女も少々鼻が高くなっていたのかもしれません。彼女の様子を見て、一人の同性の友人が心穏やかならず、やがて嫉妬《しっと》の炎を燃やし、彼女を憎みはじめたのです。そしてある日、硫酸を隠し持ってきて、なんとミス青森に選ばれた美しい女性の顔にかけてしまったのです。あっという間に顔が焼け崩れていきました。

急いで東京の警察病院に移送されて、体のあちこちの柔らかい皮膚を顔に移植する手術がなされたそうですが、以前の美しさを取り戻すことはとうていできませんでした。最初、硫酸を浴びた時には、熱くて、何があったのかという驚きだったのですが、それがやがて自分の親友からなされたことを知って、彼女の心に激しい憤りと憎しみ、怒りが生まれました。やがて手術が終わり、もう元の顔に戻ることができないと知った時から、死んでしまいたいという絶望感に突き落とされてしまったのです。

　そんな入院生活が続いていたある日、いつものように病床の窓から外を見ていました。毎日見ている景色でしたが、その日はどういうわけか教会の十字架が彼女の目に飛び込んできて、その十字架に引き寄せられるように、誰に誘われたわけでもないのに教会に通い始めたのです。毎週日曜日になると、彼女は教会に行って、いちばん後ろの席で牧師さんのお話を聞いておりました。最初は何を言っているのかよくわからず、別世界の話を聞いているような感じでした。しかし通い続けていくうちに、言われていることが少しずつわかってきました。彼女が捉えたのはこういうことでした。

　この世界にはすべてを造られた神様がいて、しかもその神様は愛の神様で、愛のゆえに一人ひとりの人間に命を与えてくださった。ところが人間は、どうせ生まれてくるのなら、もっと金持ちの家に生まれたかったとか、もっと賢く生まれたかった、背が高く生まれたかった、もっとスマートに生まれたかったとか言って、この愛の神様から与えられた自分の命を受け入れること、感謝することができずに、むしろ自分の命を呪っている。そのほか自分の身に起こってきた運命を、どうして私がこんな目に遭わなきゃならないの、と恨み、呪っていく。自分の命を感謝しないだけではなくて、他人の命も呪っていく。あの人が憎い。あの人さえいなければ。あんなやつ死んでしまえばいいのに……。

この自分の命や人の命を感謝して受け入れることができないこと、これを罪という。人はその罪のゆえに苦しんでいる。この罪の苦しみから解放するために、天の愛の神は二千年前にイエス・キリストをこの世の救い主としてお送りくださり、十字架ですべての罪を清算され、解決されて、この苦しみから人を解き放とうとされた。イエス・キリストを救い主として信じ、この十字架の死を自分の救いのための死だと信じる者は、その苦しみから解放されて、幸せな平安な日々へと導かれていく。そのように彼女は聞き取ったのです。

この苦しみから解放されたいと思って、彼女は牧師に願い出て聖書研究を始めました。そして、ついにバプテスマ（洗礼）を受ける決心をしたのです。

バプテスマを受ける朝、彼女は牧師の前に立ちました。いつもでしたら、牧師は幾つかの質問を彼女にして、その質問にすべて「はい」と答えればよかったのです。ところがこの日、牧師は彼女にこう言いました。「今日、イエス・キリストを救い主として受け入れ、新しく神の子として生まれ変わろうとするあなたに、わたしは多くのことはお尋ねしません。ただ、一つだけお尋ねします。あなたは、あなたの顔に劇薬をかけたあの友人を、お赦しになることができますか」。これが、その日のたった一つの諮問《しもん》だったのです。

教会員は彼女の背中を見ながら、みんなドキドキしました。あの友人の一撃によって彼女の青春が奪われ、人生が台なしになって、仕事を辞めなければならなくなった。そんな友人を彼女は赦すことができるのだろうか……。

彼女も、質問を聞いた瞬間、顔が曇ってうつむいてしまいました。何と答えたらいいのかわからない。あまりにも彼女が長く沈黙し、うつむいているので、質問した牧師が、一瞬、悔いたそうです。この質問は、あまりにも残酷だったかもしれない。こんな質問、しない方がよかったのかもしれない。そう思いました。しかし、すぐに思いを改めたといいます。いや、そうじゃない。彼女がこの一線を越えることができなければ、つまり、あの憎んでいた友人を赦すことができなければ、彼女のイエス・キリストを信じるという信仰は台なしになってしまう。牧師は心の中で必死に祈ったそうです。「神様、どうかあなたの愛を、あなたの赦しを、もう一度彼女の心にはっきりと示してください」

やがて、うつむいていた彼女が顔を上げました。手術跡の引きつった醜い顔でしたが、その顔は輝いていました。彼女ははっきりこう言ったのです。「私のような罪人でさえ、イエス・キリストは赦し、愛してくださったのですから、私もあの友人を赦します」

再会

その日、彼女はバプテスマを受けて、文字通り、本当の神の子になりました。家に帰った彼女は、和歌山の刑務所に入っている友人に手紙を書きました。

「昨日まで私はあなたを恨んでいました。憎んでいました。でも今日、私はイエス・キリストを信じてクリスチャンになりました。私はキリストに赦されています。愛されています。ですから、私もあなたを赦します。愛します」

刑務所でその手紙を読んだ友人は、最初嘘《うそ》だと思いました。この私を赦せるはずがない。きっと甘い言葉で私を誘い出して復讐《ふくしゅう》しようとしているに違いない。そう思いました。しかし彼女は繰り返し、神の愛、イエス・キリストの十字架の愛を説く手紙を送り続けたのです。

やがて、刑務所の中で友人の心が開かれていきました。そして刑期を終え、その友人が刑務所を出る日、彼女は迎えに行きます。何年ぶりかの再会でした。初めは、お互いに遠く離れて立っていました。しかしどちらからともなく歩み寄って、やがて二人はしっかりと抱き合い、泣きました。その後、二人は同じアパートに住んで、それぞれの新しい人生を始めたのです。

イエス・キリストの愛が私たちの心に宿ると、私自身を憎んでいた人をも愛することのできる者に変えられていく。与えるよりは受ける方が幸せだと思っていた人生から、受けるよりは与える方が幸いだと言えるような人生へと変えられていく。近づきたくないと思っていた人々に、心を開いて近づいていける者へと変えられていく。イエス・キリストの愛には、私たちを変える力があるのです。私たちに近づいてきて、私たちを抱きしめてくださり、たとえどんな私たちであろうと、「わたしはあなたを赦している。受け入れている。愛している」とおっしゃってくださる方が、私たちの心も変えてくださるのです。聖書はそのことを約束しています。

「神様、ジム・クラークの心も治してください」

今から五十年ほど前、アメリカにはまだ激しい黒人差別がありました。黒人たちは、自分たちも白人と同じ権利を得たいと抵抗運動を始めます。その指導者がマーティン・ルーサー・キング牧師で、非暴力抵抗主義というのが彼の打ち立てた方針でした。「差別には断固として抵抗するけれども、一切の暴力は否定する」と彼は言いました。「黒人が白人と同等の権利を得る日まで、たくさんの血が流されなければならないだろう。しかしその血は、黒人の血であっても、白人の血であってはならない」。どんなに黒人が白人から迫害されて血を流すことがあっても、決して黒人は白人に報復して白人の血を流してはならない。私たちにはその覚悟がある。

アラバマ州のセルマという町で、白人と同じように税金を納めていながら選挙権のなかった黒人たちが、選挙権を与えてくれ、というデモ行進をしました。大人たちの後ろには子どもたちが続いていました。ところがその黒人のデモ行進を、セルマの町の保安官ジム・クラークという白人は、非常に苦々しい思いを持って見ていたのです。彼は、特にデモの後ろにいる子どもたちに目をつけて、部下たちと一緒にジープを走らせて、子どもたちの両側と後ろにジープをつけたのです。そして、ジープを大人たちのデモから引き離すように誘導しました。子どもたちは右にも左にも後ろにも行くことができません。やがてジープがどんどんスピードを上げていくと、子どもたちは全力で走らなければなりませんでした。子どもたちが追い立てられるように必死に逃げ、必死に走って、へとへとになったところを見た保安官たちは、高笑いをして去っていきました。

一週間後、保安官のジム・クラークは肺炎に倒れ、熱にうなされて自宅で寝ていました。その彼の家の前に、一週間前、あのジープで追い立てられた黒人の子どもたちが続々と集まってきたのです。石を投げられるのか、火をつけられるのか。ドキドキしながら、ジム・クラークは黒人の少年たちを見ていました。彼の家の玄関の前に集まった黒人の子どもたちは、やがて輪になってひざまずいたのです。そして、一人の少年が祈りはじめました。「神様、ジム・クラークを治してください。ジム・クラークは病気です。神様、ジム・クラークの心も治してください」

イエス・キリストはこう言いました。「しかし、わたしは言っておく。敵を愛し、自分を迫害する者のために祈りなさい」。神に祈り続けていた少年たちは、やがて神の心、キリストの心を自分たちの心としました。そして、自分たちをひどい目に遭わせたジム・クラークのために祈ることができたのです。

命を投げ捨てた一人の少年

最後に、一人の少年のお話をしたいと思います。彼の名前は山本忠一と言いました。和歌山県の南部《みなべ》という小さな町に升崎外彦という牧師さんがおりました。戦前の話です。この牧師さんは身寄りのない子どもたちを教会に預かって育てているような、そういうやさしい牧師さんでした。

ある時、升崎牧師は、海岸で漁師たちが地引き網をしているのを見ておりました。ふと横に目をやると、十歳くらいの少年がニコニコしながら同じように漁師たちの働きを見ていたのです。その顔をよく見ていると、知的な障害を持った子だということがわかりました。近づいていって名前を尋ねると、「山本忠一、十歳」と名乗りました。勉強についていけず、二年生の時から学校に行かなくなってしまった。しかも身寄りがないということでした。

升崎牧師はこの忠一少年を教会に預かり、掃除や水くみをさせたりしながら字を教えました。せめてひらがなは読めるようにと一生懸命に教えたのですが、なかなか覚えなかったそうです。聖書の一節を暗唱させても、なかなか覚えない。ただ礼拝に来るのが大好きで、礼拝堂のいちばん後ろの席に座ってニコニコしながら牧師の話を聞いていました。

五年間一緒に生活をした中で彼が一つだけ覚えた聖句がありました。「友のために自分の命を捨てること、これ以上に大きな愛はない」という聖句だけはどういうわけか大好きで、覚えたそうです。そして、ことあるごとにこの聖句を口ずさんでいました。「友のために自分の命を捨てること、これ以上に大きな愛はない」と。

十五歳になった忠一少年を升崎牧師は船会社に就職させました。最初は事務職でしたが、ほとんど役に立たない。そこで船に乗せられたのです。彼は小間使いとして働いたのですが、仕事は遅いし失敗が多いので、荒っぽい船乗りたちからは怒鳴られたり、殴《なぐ》られたり、蹴《け》られたりしながらの毎日でした。

ある時、船が東京に向かって材木を積んで航海をしていた際に、大時化《しけ》に遭ったのです。今まで経験したことのないような大きな時化でした。真っ暗になって、雨が降って波風が吹き荒れていきます。船乗りたちは、積んでいた材木を捨てて船をなるべく軽くして、波で入ってきた水を一生懸命かき出していました。そのような時、船がある岩にぶつかって船底からも水が入り込んできたのです。
ところが、ふと気がつくと、水がピタッと浸入しなくなったのです。助かった！と
ばかりに船乗りたちは水をかき出し、ようやく港に着いて一安心。船長は甲板の上に
全員を集め、点呼が始まりました。ところが一人足りないのです。「誰だ？　アホ忠
がいない！」。みんなからアホ忠と呼ばれて馬鹿にされていたあの忠一少年の姿が見
えないのです。「またアホ忠、ドジやって波にさらわれたんじゃないのか？」。みんな
そう言っておりました。しかし船長は、「もう一回だけ、船の隅々まで探せ」と言い
ます。そこで彼らは手分けをして船を探しました。
船底に船乗りが降りていきました。すると「あーっ！」とものすごい声が聞こえた
ので、男たちがみな集まってきました。船底で、あのアホ忠が船の底にあいた穴に自
分の右足をつっこんで、太ももを栓のようにして穴を塞《ふさ》いでいたのです。その太もも
は膝《ひざ》のところから岩にさらわれて折れ、出血多量で亡くなっていたのです。
アホ忠は時々、「おれはハンスだ」と訳のわからないことを言っていました。ハン
スというのは、海面下にあるオランダの堤防が決壊した時に堤防に腕をつっこんで祖
国を守ったといわれている伝説の少年です。その話が大好きで、「おれはハンスだ、

おれはハンスだ」といつも言っていたことを一人の船乗りが思い出して、このように言ったのです。

「そういえばこいつ、いつも、『おれはハンスだ』って言ってたよな」

「そういえば、水が入って来なくなった時にこいつの声が聞こえた。『親方、早く陸《おか》へ！　早く陸へ！』と叫んでいたよな」

「そういえばこいつはいつも、『友のために自分の命を捨てること、これ以上に大きな愛はない』と言ってたよな」

男たちは少年の遺体を囲んで泣きました。船長も男泣きに泣きました。自分たちが馬鹿にしていたこの少年に、実は自分たちが救われたのです。

少年の心の中には愛がありました。五年間教会で過ごして、キリストの話を聞いて、その愛をしっかりと宿していたのです。そして、少年は船乗りたちを助けるために命を投げ捨てたのです。

イエス・キリストは二千年前にこの地上に来られて、十字架にかかって私たちを救ってくださいました。聖書はそう言います。それは、イエス・キリストが私たち一人ひとりを愛してくださったからです。ところが多くの人はイエス・キリストをバカにします。救い主として受け入れることができず、単なる狂人、単なる気の狂った男だと。しかし実は、このお方に私たちの救いのすべてがかかっている。このお方の愛なくして私たちの救いはない。聖書はそう言います。

明日、このイエス・キリストの十字架について、さらに御一緒に考えていきたいと思います。私たち一人ひとりを愛してくださり、愛せない者をも愛せるようにさせてくださるこのイエス・キリストが私たちを、その根底から救ってくださる。そのためにかかってくださった十字架。そこにどんな意味があるのかを御一緒に考えていきたいと思います。

第4話

「生きろ！」

――イエスの十字架

新しい命を生きはじめた少女

一九九九年七月のある日のことでした。山梨県富士吉田市の四階建ての中学校の屋上から十六歳の男女が飛び降りました。少年は即死、少女はかろうじてその少年の腕の中で生きのびました。少年が元暴走族のメンバーであったことから、警察はシンナー乱用による衝動的な自殺ではなかったかとみていたのです。ところが、生き残った少女の証言から、事実がそうでないことが次第に明らかになっていきます。

少女は日頃、両親や周囲の人間との関係がうまくいかず、思い悩んでいました。信頼する少年にその悩みを打ち明けて、「死にたい、死にたい」とこぼしていたのです。そんな少女を少年は慰め、励ましながら、「死んじゃいけない」と言い続けてきました。

しかしその日、中学校の屋上に上った少女は、「もう、私ダメ。今日はここから飛び降りて死ぬ」と言います。止められないとわかった少年は、「じゃあ、俺も一緒に死ぬ」と少女の手を握って、一緒に飛び降りたのです。ところが飛び降りた瞬間、少年はそのつかんだ手をぐっと引き寄せ、少女を抱きしめ、空中で体を反転させて、背中から地面にたたきつけられました。その少年の体がクッションとなって少女は助かったのです。地面にたたきつけられる直前、少年は少女に向かって叫びました。「生きろ！」

少女は新しい命を生きはじめました。一年がたち、あの中学校の校庭にたくさんの暴走族の仲間が集まったそうです。しかしその日、誰もオートバイや車で乗りつける者はなく、静かに歩き、静かに集まって、少年の死を悼《いた》んだといいます。

二千年前、聖書が記す救い主イエス・キリストは、天からこの地上に飛び降りてこられ、私たちと共に歩まれました。やがて十字架にかかり、「生きろ！　死んじゃいけない。わたしがあなたの代わりに死ぬから、あなたは生きろ！」と叫んでくださったのです。

洞爺丸《とうやまる》海難事故

一九五四年九月のことでした。北海道の函館港から、青函連絡船洞爺丸が青森港に向かって出港いたしました。しかし、航海中に台風に遭って立ち往生してしまったのです。その青函連絡船に外国人の宣教師が三人乗っていました。最初、外国人だということで優先的に救命具が渡されます。しかし、そのうちの二人は自分の救命具を脱いで、近くにいた見ず知らずの日本人に渡し、彼らはその事故の犠牲者となりました。タイタニック号のあの海難事故に次ぐ多くの犠牲者を出したということで、この事故は非常に有名です。そしてこの二人の宣教師の物語を、三浦綾子さんが『氷点』という小説の中で紹介し、この事故を更に有名なものにしました。

その救命具を渡した二人のうちの一人が、ディーン・リーパーという東京のYMCAで働いている宣教師でした。札幌で会議があり、帰りに函館からたまたまその洞爺丸に乗り合わせてしまったのです。彼は台風に遭った時、救命具をもらいました。ところが、周りを見ていると、救命具をもらえずに青ざめて震えている日本人がたくさんいるのに気がついたのです。そこで彼は救命具を脱ぎ、近くにいた若い女性に、「これからの日本にはあなたがた若い人が必要です」と言って、その救命具を渡したのです。彼は怒濤《どとう》の波の中に放り出され、遺体は函館の七重浜に打ち上げられました。この遺体が発見されるまで、相当に長い日数がかかったそうです。

遺体が発見されないまま、東京で彼の葬儀が行われました。ミルドレッド夫人は三人の子どもを抱え、式が始まる前から泣いていました。式が終わっても泣いているお母さんの膝《ひざ》によじ登って、リンダという幼い娘が一生懸命にお母さんを慰めたのです。

「ママ、泣かないでよ。パパは天国に行くんでしょ？　イエス様のところに行くんでしょ？　ママ、泣かないでよ」と健気に慰めるこの姿がまた会衆者の涙を誘ったといわれています。

「パパ、どうして死んでしまったの？」

やがてミルドレッド夫人は三人の子どもを連れて、アメリカへ帰っていきます。小さかったリンダもやがて中高生になり、心の中に新たな疑問が浮かび上がってきました。それは、あの状況の中で、パパが救命具を着たまま助かったとしても、誰も文句を言わなかったはずではないか。残された家族がこんなに寂しい思いをするのを知りながら、どうしてパパは私たち家族のために生き残らないで、見ず知らずの日本人のために死んでしまったのかという疑問でした。

特に彼女は、友だちから父親の話を聞いた時に、その疑問が募ったのです。「これ、パパに買ってもらったの」「この間パパと旅行したの」という話を聞くたびに、なぜ私のパパは私たちを残して死んでしまったのかと思ったのです。この疑問を、リンダは周りの大人にぶつけていったのです。母親のミルドレッドさんは何度も娘から問い詰められました。しかし、彼女も答えることができない。そしてついに一つの決心をしたのです。娘のリンダを夫が愛した日本に送ってみよう、と。

東京にある恵泉女学園というミッションスクールに、しばらくの間リンダは留学することになりました。日本に住み、日本人と交わって、何らかの答えを見つけられたらという母親の祈り、願いもむなしく、留学が終わろうとしている時にもリンダはその答えを見いだすことができませんでした。

ある日、彼女は父親の遺体が打ち上げられた函館の七重浜に立ちます。冷たい雨の降る、風の強い日でした。浜辺で傘《かさ》も差さずに雨に打たれ、涙をポロポロ流しながら、荒れる海を見ていました。父親の遺体は長い間海に漂って、この浜に打ち上げられたのです。涙が止まりませんでした。

やがて、引き止める人たちを振り切り、そのままの姿で荒れる海の中に入っていきます。首の辺りまで波に浸かりながら、彼女は叫びました。「パパ！　どうして死んでしまったの？　どうして生き残ってくれなかったの？」

ついに、日本で答えを見いだすことのできぬまま、アメリカに帰りました。傷心の日々が続きます。

そんなある日、彼女は聖書を取り出したのです。父親の形見の聖書でした。もしかしたらこの聖書の中に理由が隠されているかもしれないと思い、必死になって読みはじめました。幾つかの聖書の言葉が心に留まります。そしてついに、一つの聖句に出会ったのです。イエス・キリストの十二弟子の一人、ヨハネの書いた手紙の一節です。「イエスは、わたしたちのために、命を捨ててくださいました。そのことによって、わたしたちは愛を知りました。だから、わたしたちも兄弟のために命を捨てるべきです」（ヨハネの手紙一・三章一六節）。

この言葉を読んだ時に、「パパは、私たちのために命を捨ててくださったイエス様の愛を知っていたんだ。だから、見ず知らずの日本人のためにも、パパは死ぬことができたんだ」と思ったのです。彼女は、父親の信じたイエス様の愛を自分も知りたいと思い、聖書を学びはじめました。やがて彼女はイエス・キリストを受け入れ、バプテスマ（洗礼）を受けました。その後、リンダは結婚して、宣教師の妻として日本にやってきました。父親の愛した日本人の救いのために、彼女も献身したのです。

十字架の意味とは？

さて、海難事故があった時、救命具を宣教師のディーン・リーパーから受け取った女性は、「これからの日本にはあなたがた若い人が必要です」という言葉と同時に、「あなたは、永遠の命を持っていますか？」という質問を受けました。永遠の命。彼女にとっては初めて聞く言葉でした。彼女は首を横に振ります。

「そうですか。もしあなたが助かったなら、教会に行ってください。そして、十字架の意味とは何なのかを問うてみてください」

彼女は、今度は首を縦に振りました。救命具のおかげで助かった彼女は、やがて約束通り教会へ行きます。そして牧師に質問したのです。

「先生、十字架の意味って何ですか？」

この唐突な質問に、牧師は端的にこう答えたのです。

「十字架の意味。それは、自己犠牲の愛です」

わたしがあなたの代わりに死ぬから、あなたには生きてほしい。それが十字架の意味、自己犠牲の愛だと、牧師は言いました。その言葉を聞いた彼女は、「あぁ、この宣教師は本当にその十字架を知っていたんだ。十字架を生きていたんだ」と思ったのです。

一説によると、やがて彼女もまたキリストを信じる者になったそうです。

イエス・キリストは、まさに私たちのために命を捧げるためにこの地上に降りてこられた。私たちに寄り添い、私たちと共に生きてくださった。この地上に生きる私たちの人生というものは、いつも楽しい、喜びにあふれた、幸せなものであるとは限りません。ときに、できれば避けたい苦しみや悲しみ、悔しさ、裏切りの涙など、いろいろな経験をします。そういう私たちに、キリストは寄り添ってくださったのです。

十字架の言葉

第二次世界大戦を満州で過ごした一人の女性がおりました。御主人は大きな商売をやって非常に裕福でしたが、戦争のために離れて暮らしていました。ところが戦争がもうすぐ終わるという時、それまで同盟国だったソ連が急に敵側に寝返り、中国の国境を越えて日本人に攻撃を仕掛けてきたのです。

満州から出る際に、男性にはピストルが、女性には青酸カリが配られたそうです。彼女も覚悟して青酸カリを受け取り、三人の幼い娘の手を引いて、必死に南に向かって逃げていきました。ソ連兵の略奪や暴力から身を守るために、髪の毛を刈り上げ、顔には炭を塗ったそうです。持っていた財産のほとんどを使い果たし、ついに彼らは朝鮮半島の南端にある釜山《プサン》港に着きました。釜山には帰国するための日本人がたくさん集まっていました。船を待っている間に、いちばん末の娘が、疲労と病のために、目を開けたまま息を引き取ったそうです。

二人の娘の手を握って、なんとか日本に帰ってきました。福岡の港に着いたという安心感から、一緒に逃げてきた女性にすべての財産が入ったバッグを預け、彼女は二人の娘を連れてトイレに行きました。用を済ませて元の場所に戻った時、そこにはバッグも、女性の姿もありませんでした。思わず彼女の口をついて出てきたのは、それまで一度も口にしたことのなかった言葉だったそうです。

「ちくしょう、人でなし」。悔しくて悔しくて仕方ありませんでした。もう誰も信じることができない。しかし、働かなければ生きていけない。彼女は二人の娘のために懸命に働きました。しかし、やがて、不衛生のために二番目の娘が病に倒れてしまいます。働いたお金のほとんどを費やして病院に連れていき、「この注射を我慢すればきっと良くなるよ」という励ましの言葉に、歯を食いしばって黙って頷《うなず》くような健気な娘でした。しかし、治療のかいなく、この娘も息を引き取ります。その直前に、娘は母親にこう言いました。「ママ、今度は天国でお会いしましょうね」。満州の教会で学んだ言葉を娘は残していったのです。

娘の遺骨を壺《つぼ》に収めた時、彼女には生きていく力が残っていませんでした。その骨壺を抱いて、まるで夢遊病者のように彼女は一人で旅に出かけたのです。

和歌山県のある海岸の絶壁の淵に立った彼女は、骨壺を抱きながら呆然と海を見ていました。そこへたまたま一人の牧師が、台風で倒れた「いのちの電話」の看板を直すためにやってきたのです。

ふと目をやると、一人の女性がうつろな眼差しで、骨壺を抱いて海を見ている。これは危ないと思った牧師は、近づいて声をかけました。「教会にいらっしゃいませんか？」。力なく頷いた彼女は、静かに牧師の後をついていきました。

教会で勧められるままに熱いお茶を飲んで一息ついた時、彼女はぽつりぽつりと自分の悲しい人生について語りはじめたのです。あまりにも悲惨な物語を聞いた牧師は、彼女をどう慰めていいのか、どう励ましていいのかわかりませんでした。言葉がありません。祈るような思いで牧師は聖書を開きます。その時、一つの言葉が彼の目に飛び込んできたのです。マルコによる福音書一五章三四節。イエス・キリストの十字架の言葉です。

「『エロイ、エロイ、レマ、サバクタニ。』これは、『わが神、わが神、なぜわたしをお見捨てになったのですか』という意味である」

牧師はその言葉に指を置き、彼女の前に聖書を差し出しました。指さされていることの言葉を彼女は読んだのです。彼女の肩が震えはじめ、そして目から涙がこぼれはじめます。

「わが神、わが神、なぜわたしをお見捨てになったのですか」。まさに彼女の心の叫びでした。この悲しみの人ならば、この絶望の人ならば、私のこの悲しみをわかってくれるかもしれない。彼女はキリストを求めたのです。

キリストは私たちの悲しみや苦しみ、絶望に寄り添うために、二千年前にこの地上に来られ、最後の最後まで、十字架の上に至るまで私たちと共にいてくださって、まさにこの叫びを叫んでくださったのです。

命がけの愛

斉藤つよし君という少年がおりました。彼は中学校の時から学校に行けなくなっていました。いわゆる不登校です。学校に行けない子は自分に対する要求水準が高く、その水準に達し得ない自分が恥ずかしく、許せなくて、だんだん人前に出ていけなくなってしまう感受性の強い子が多いのです。

つよし君はところてん式に中学校を卒業して、なんとかアルバイトをと思って幾つか就職したのですが、どこも長続きしない。そんな自分が許せなくて、苦しみ続け、引きこもり始めたのです。しかしバイクに乗ることが趣味で、時々ものすごいスピードで走る。そんな時、崖《がけ》にぶち当たり、海に飛び込んでしまいたいという思いが心の中に湧いてくるのを抑えることができませんでした。

このつよし君を一生懸命に支えていたのが、森下先生という精神科医でした。ある時、つよし君が突然ふらっと森下先生のところを訪ねてきました。熊の顔の付いたキーホルダーを差し出して、「先生、これ僕の記念や。とっといて」と言います。「今まで僕みたいな人間を人間扱いしてくれてありがとうな」。そう言って帰っていく後ろ姿を見た森下先生は「危ない」と思い、すぐに彼のお父さんに電話をしました。

「お父さん、ごめん。もう僕の力では限界や。あとはお父さんだけが頼りや。頼むで。つよし君、今晩死ぬで」

電話の向こうで、父親のうなずく気配がしました。その晩、つよし君は父親の前でガソリンをかぶりました。そして、ライターを握りました。じっと息子の姿を見ていた父親は、息子がライターを握った時に静かに近寄り、息子を抱きしめました。そして、自分もガソリンまみれになった時に叫んだのです。

「つよし、火をつけろ！　俺も死ぬ！」

父親に抱きしめられて、「つよし、一緒に死のうや」と言われたつよし君は涙がこぼれて止まらなかった。やがて声を上げて泣きました。父親も泣きました。男同士抱きあって泣いたのです。やがてつよし君は、握っていたライターを床に落とします。

次の日、彼は森下先生に手紙を書きました。

「父は僕に一緒に死んでくれると言った。父は僕を愛してくれていた。僕は生きていてよい人間だと初めて思った」。彼は立ち直り、やがて見事に社会復帰を果たしていきます。命がけでこの自分を愛してくれる人がいる。命がけで一緒に生きて、一緒に死ぬと言ってくれる人がいる。彼は初めて生きることに希望を持つことができたのです。

イエス・キリストは私たちの絶望、私たちの悲しみに寄り添われ、私たちと共に、「わが神、わが神、なぜわたしをお見捨てになったのですか」と叫ばれ、「わたしがあなたの代わりに死ぬから、あなたには生きてほしい」と言われる。十字架は、この愛のしるしです。イエス・キリストが私たちのために命を捨ててくださった。そのことによって私たちは、愛というものが何であるかを初めて知ったのです。キリストの愛は、単に私たちの苦しみや悩みを知って、共に生き共に死のうという愛だけではなく、私たちの抱えている根本的な問題である罪について解決を与えるものであったのです。

成し遂げられた

東北に、父一人娘一人の小さな家族がありました。幼い頃に母親を失った娘は、父親にかわいがられて育ちました。やがて父親は定年を迎え、退職金のすべてを注ぎ込んで、小ぎれいな家を建てました。娘が結婚した時、娘の家族と共に幸せに暮らしたいというのが父親の願いでした。この新しい小さな家で、楽しい生活がしばらくの間続いておりました。

ところが、ある時、忽然《こつぜん》として娘が姿を消してしまったのです。父親は八方手を尽くして娘を探しましたが、行方はわかりませんでした。そして、心配していた父親のもとに、ある時から何十万、何百万円という請求書が舞い込んできたのです。驚きました。二千万を越えるような請求書の山が彼の前に積まれていきます。一体これは何なのだろうか。そう思った彼の元に、娘からの手紙が届いたのです。

「お父さん、ごめんなさい。友だちの借金の連帯保証人になり、すべて私が肩代わりしなくてはならなくなってしまったのです。一生懸命に返そうと思ったけど、とても返せる額ではなかった。何度も死のうと思ったけど、死にきれなかった。今、東京に隠れています。お父さん、ごめんなさい。どうか捜さないでください」

父親はその手紙を読んで、すべての事情を知ることができました。その晩、眠ることができなかった父親は、次の日、新しく建てた家を売る手続きをしました。その後、小さなアパートに住んだ父親は、借金を返済するために、昼も夜も働き続けたのです。七年かかって、ようやく借金のすべてを支払うことができました。最後の借金を返したその日、その頃、行方のわかった娘に手紙を書いたのです。

「娘よ、安心しなさい。お前が負っていた借金のすべては、お父さんが支払った。もう、お前は自由だ。安心していつでも帰っておいで」

この手紙をポストに入れた三日後、父親は息を引き取りました。引退した老骨に鞭《むち》打って、娘の借金の返済のために働いた疲れがたまった過労死でした。

キリストは十字架の上でこう言われました。「イエスは、このぶどう酒を受けると、『成し遂げられた』と言い、頭を垂れて息を引き取られた」（ヨハネによる福音書一九章三〇節）。「成し遂げられた」は口語訳聖書では「すべてが終った」と書かれています。ギリシャ語では「テテレスタイ」。これは「すべては支払われた、完済された」という意味です。あなたが神の前に負っている罪の借財のすべては、わたしの命と引き換えに、完全に支払われた。その宣言が、この「成し遂げられた」という言葉です。

古代ローマには奴隷制度がありました。奴隷が値段をつけられて、市場に立っている。その対価のすべてを誰かが代わりに支払えば、この「成し遂げられた」「テテレスタイ」という宣言がなされ、その奴隷はまったくの自由になるのです。まさに罪の奴隷、神に対して大いなる借金を背負っている私たちのすべてを、キリストが命を捨てることによって清算してくださったというその宣言なのです。

先生、ごめんなさい

次に御紹介したいのは、小学校三年生の村井安子ちゃんという女の子の話です。作家の灰谷健次郎さんが教師時代の一人の教え子です。安子ちゃんはすごく良い子です。しかしある過ちを犯してしまい、お母さんを傷つけてしまったのです。

ある時、灰谷先生が教員室にいると、安子ちゃんがお母さんに首根っこをつかまれるようにして入ってきました。灰谷先生に頭を下げ、「先生、ごめんなさい」と謝りました。お母さんによれば、二日前に安子ちゃんは一年生の女の子とお店に行って、その一年生の子にチューインガムを一つ万引きさせたので、灰谷先生のところに謝りに来たというのです。事情をのみこんだ灰谷先生は、安子ちゃんの顔をじーっと見ました。安子ちゃんは灰谷先生に紙を一枚渡しました。

「せんせい、わたし、おみせやさんからチューインガムをとりました。どうかゆるしてください」

手紙を受け取った灰谷先生は、「安子ちゃん、本当のことを書こうな」と言って、お母さんに帰ってもらい、安子ちゃんと向き合いました。机の上に紙と鉛筆を置き、安子ちゃんに、「心の中の本当のことを書こう」と言って鉛筆を取らせたのです。安子ちゃんは、一字書いては泣き、一行書いては泣きます。その涙を見ていた灰谷先生の心も締めつけられるような思いがして、途中で何度も、「もういい、やめよう」という言葉が喉《のど》元まで出てきましたが、それをようやくのみこんで、最後まで書いてもらいました。「チューインガム一つ」という作文です。

チューインガム一つ　　三年　村井安子

せんせい　おこらんとって
せんせい　おこらんとってね
わたし　ものすごくわるいことした

わたし　おみせやさんの
チューインガムとってん
一年生の子とふたりで
チューインガムとってしもてん

すぐ　みつかってしもた
きっと　かみさんが
おばさんにしらせたんや
わたし　ものもいわれへん
からだが　おもちゃみたいに
カタカタふるえるねん
わたしが一年生の子に
「とり」いうてん
一年生の子が
「あんたもとり」いうたけど
わたしはみつかったらいややから
いややいうた

一年生の子がとった

でも　わたしがわるい
その子の百ばいも千ばいもわるい
わるい
わるい
わるい
わたしがわるい
おかあちゃんに
みつからへんとおもとったのに
やっぱり　すぐ　みつかった
あんなこわいおかあちゃんのかお見たことない
あんなかなしそうなおかあちゃんのかお
見たことない
しぬくらいたたかれて
「こんな子　うちの子とちがう　出ていき」
おかあちゃんはなきながら

そないいうねん

わたし　ひとりで出ていってん
いつでもいくこうえんにいったら
よその国へいったみたいな気がしたよ　せんせい
どこかへ　いってしまお　とおもた
でも　なんぼあるいても
どこへもいくとこあらへん
なんぼ　かんがえても
あしばっかりふるえて
なんにも　かんがえられへん
おそうに　うちへかえって
さかなみたいにおかあちゃんにあやまってん
けど　おかあちゃんは
わたしのかおを見て　ないてばかりいる

わたしは　どうして
あんなわるいことしてんやろ
もう二日もたっているのに
おかあちゃんは
まだ　さみしそうにないている
せんせい　どないしよう

（『先生けらいになれ』理論社より）

彼女は大好きなお母さんを傷つけるつもりはなかった。でも、お店に行った時にチューインガムが欲しくなって、一年生の子に取らせた。お母さんは泣いてばかりいる。私はどうしてあんな悪いことをしたんだろう。

私たちの多くは、意図的に意思を持って悪いことをするといったことはあまりないと思います。でも、思わず言ってはいけない言葉を言ってしまったり、やってはいけないことをやってしまう。そして人を傷つけ、人を泣かせていく。どうしたらいいんだろう、どうしてあんなことをしてしまったんだろうという思いに苦しんでいる。この小学校三年生の子どもに対して、当時担任だった灰谷健次郎さんは、長い手紙を書きました。その後半の部分にこう書いてあります。

安子ちゃん、ここでしっかりかんがえてください。先生は、いちばんたいせつにかんがえるべきことは、ドロボーをしたことではなくて、ドロボーをした、そのあとの心だと思います。

人間はわるいことをしたあと、かならずといっていいほど、あまえた心をいだきます。うんとしかられる、しかし、そのあと、なんだかはればれとした気持になる。これは人間があまえた心をもっているしょうこです。

子どもでも、わるいことをしてしかられたあとのほうが、ゆかいにあそびまわっています。おとなも、それを見て、よくわかってくれたのだと安心をします。

どちらも、とんでもないまちがいです。

先生は、たとえどんな小さなことでも、わるいことをすれば、えいきゅうにそのつみはきえないのだと思います。それを一生もって生きていくのが、人間の生きていくすべてだと思います。

安子ちゃん。

そこのところをしっかりかんがえてください。

ほんとうにきびしい人間は、いつだってじぶんをごまかしたりなんかしません。


すさまじい言葉ですね。小学校三年生の九歳の子に向かって、たとえどんなに小さいことでも、悪いことをすれば、永久にその罪は消えないんだ。それを一生持って生きていくのが人間の生きていくすべてだと、この教師は言います。

土下座したキリスト

聖書は、罪ほど人間から元気を失わせるものはない、といいます。人を痛めた、人を傷つけた、その思いほど、私たちの心から元気を奪い、私たちの心から元気を損なわせていくものはないのです。罪を告白しなかったときに私たちの骨は枯れる、と詩編の中でダビデが言います。

イエス・キリストはまさに罪を実に厳しく捉えながら、この罪を、御自身の命をもって償《つぐな》ってくださった。イエスは十字架の上でこう言われました。「父よ、彼らをお赦《ゆる》しください。自分が何をしているのか知らないのです」（ルカによる福音書二三章三四節）。直接的には、イエスを十字架につけたローマの兵士、またユダヤ人たちに向かって捧げられた執り成しの祈りでした。しかし、すべての人は、自分が何をしているのかわからないまま人を傷つけ、罪を犯している。それをひっくるめて、自分の命に代えて償ってくださる。これがキリストの十字架です。

十字架は、私たち日本人の習慣から言うと、土下座なんです。この言葉をもってキリストは父なる神に土下座をされました。「父よ、この人たちを赦してください。自分が何をしているのかわからないのです。自分の言葉が、自分の行動が、自分の存在が、どれほど人々を傷つけているのかわからないのです。でも、その罪を赦してください。わたしがこの人たちの代わりに罰を受けて死にますから、どうか助けてくださ い」と、土下座してくださる。

そして、神に向かって土下座したキリストは、振り返って私たち一人ひとりに向かって土下座をする。「どうかわたしの赦しを、この死を無駄にしないでください。どうか、永遠の命を、神の赦しを自分のものにしてください」と。キリストは、私たち一人ひとりを本当に救いたいと願っておられるのです。

極悪人に科す極刑

十字架という刑は、当時のローマ帝国が行っていた四つの死刑の中で最も厳しいものだといわれています。一つ目は石打ちの刑。すり鉢状の穴の中に犯罪者を落として、そこにみんなで石を投げつけて殺していく。二つ目は鞭打ちの刑。裸にした犯罪者の体を皮の鞭で打つのですが、そこには金属片や動物の骨が埋め込まれていて、皮膚が切り裂かれ、骨が打ち砕かれるような残酷な鞭打ちを繰り返し、その痛みの中で殺していくという方法です。三つ目は死の体の刑。犯罪者を裸にして、墓から掘り出してきた死体をくくり付けておく。あるときは抱かせ、あるときは背負わせてロープで縛りつける。死体の腐敗がだんだんこちら側に移ってきて、気が狂うような苦しみの中で犯罪者が死んでいく。

これらの方法よりも、さらに残酷だったといわれているのが、十字架による刑です。

これはあまりにも残酷だったために、ローマの市民権を持っている人間には絶対に行われなかった。本当の極悪人に科す極刑だったといわれています。

かつて『パッション』という映画が上映されました。イエス・キリストの最後の受難、イエス・キリストが十字架上で死に行くさまを生々しくリアルに描いた作品です。そこでも十字架の残酷さというものが描かれていました。裸にした犯罪者の両手に釘を打ちつけ、足首を重ね、そこを貫くように釘を打って、ズシンと十字架が立てられた時の全身の重みで、手と足が引き裂かれるような痛みを持つわけです。体重があるので、どんどん体がずれ落ちていきます。胸が締めつけられて、呼吸ができなくなってくる。苦しいので、体を上げるためには、重ねられた足の骨を貫いているその釘に全体重をかけなければならない。激痛が全身を駆け巡り、ようやく体を持ち上げて呼吸をする。この繰り返しの中で、悶《もだ》えるようにして死んでいく。

キリストは全人類のすべての罪を一人で負い、身代わりに神の刑罰を受けられた。その苦しみ、その痛みのなかで、私たちの想像をはるかに超えるような次元で、私たちを救おうとされた。まさに、私たちを愛してくださったゆえの犠牲なのです。

アガペーの愛

聖書はこの神の愛、キリストの愛をギリシャ語の「アガペー」という言葉で表しています。当時のギリシャ語には、愛を表す言葉が幾つかありました。一つ目は「エロス」。男女の愛。二つ目は「フィリア」。友情。三つ目は「ストルゲー」。親子の愛。特に母親が子どもを思う愛です。しかし、このような言葉では表現できないのが神の愛、イエス・キリストの愛だったのです。パウロや弟子のヨハネなどはこの愛を表現するために、当時あまり使われていなかった「アガペー」という言葉を使いました。

神の愛を表現するのにいちばん近いのが、親が子を思う愛だといわれております。たとえば、お母さんは子どもを愛するがゆえに、普段では考えられないようなすさまじい力を発揮することがあります。

数十年前の日本で、ある一人のお母さんが赤ちゃんを身ごもり、生まれてくる日を楽しみにしていました。ところがお腹が痛くなってきた。どうしても我慢できずに医者に行ったところ、虫垂炎だとわかり、「すぐに手術をしないと母体が危ない」と言われた。でも、麻酔をしたら赤ちゃんに影響が出るかもしれない。その時、そのお母さんは、「麻酔をしないで手術をしてください」と言ったのです。男の私ならたぶん卒倒します。でも、赤ちゃんの無事を思った時、母親はその痛みに耐えることができたのです。

至高の愛

アメリカで、二人の小さな子どもを連れたお母さんがワシントン湖の岸辺で船を待っていました。しばらく手をつないでいたのですが、渡し舟が近づいてきたので、手を離しました。喜んだ子どもたちは桟橋に行き、のぞくように湖の中を泳いでいる魚を見ていました。ところが、ひょんな拍子に、二人とも湖の中に落ちてしまったのです。周りに人はいません。その母親は子どもたちが湖に落ちた時に、近づいてくる渡し舟に向かって「助けてー！」と呼ぶと、湖に飛び込み、両手で子どもたちをそれぞれ捕まえ、ガッと差し上げたのです。湖の深さは母親の身長と同じくらいでした。水の中で母親は必死に足を広げて踏ん張っていたのです。

やがて、渡し舟の船員たちが飛び込んで、子どもたちを救い出してくれました。最後に母親を引き上げた時、母親はその姿勢のまま溺《おぼ》れて死んでいました。どれほど辛かったかと思います。母親は二人の子をずっと差し上げながら、助けを待っていたのです。

母の愛。それは私たちが考え得る至高の愛だと思います。聖書は言います。「女が自分の乳飲み子を忘れるであろうか。母親が自分の産んだ子を憐れまないであろうか。たとえ、女たちが忘れようとも／わたしがあなたを忘れることは決してない」（イザヤ書四九章一五節）。

イエス・キリストは私たちのことを決して忘れません。なぜでしょうか？「見よ、わたしはあなたをわたしの手のひらに刻みつける」（同一六節）とあるからです。キリストの手のひらには十字架の釘跡があり、そこに私たち一人ひとりの名が刻みつけられているのです。

今、イエス・キリストは天の聖所におられます。あのキリストの手の釘跡は、今もなお残っているのです。その傷跡は、私たち一人ひとりのことを思い出すためにあるのです。わたしはあなたのために十字架で死んだ。あなたに寄り添い、あなたを救い、あなたを赦し、永遠の命を与えるために十字架で死んだのだ。

どうか、わたしのこの命を受け取ってほしい。そう願って、祈っておられるのです。どうか、十字架のキリストをもう一度、しっかりと見上げてください。神様は私たち一人ひとりを救うために、イエス・キリストを十字架にかけて、全人類の罪を負わせ、私たちの代わりに罰してくださったのです。この信じがたい、私たちのための神の救いの御計画をぜひ知っていただきたいと思います。

第5話

「もう一度やり直してごらん」

――イエスの復活

今も変わらないクリスチャンの希望

アメリカのシカゴのとあるビルの中を、一人の紳士がずっとのぞき込んでいました。ガラスの向こう側には、イエス・キリストの十字架の絵があったのです。紳士はしばらくその前に佇《たたず》んで、十字架の絵を見ていました。そこに一人の少年が近づいてきて、紳士に尋ねました。「おじさん。これは何の絵かわかりますか？　これはですね、イエス様が僕たちのために死んでくださった十字架の絵なんです」

紳士はこっくりとうなずき、ニッコリとほほ笑むと、また絵に見入っていました。少年もしばらくその横に立って、その絵を見ておりました。やがて紳士は少年の頭をなでて、立ち去っていきます。

その時、少年は思い出したように叫んだのです。「あ、おじさん。僕、大切なことを言うのを忘れていました。十字架で死んだイエス様は、三日後によみがえったのです！　イエス様は今でも生きているんですよ！」

イエスが亡くなったあと、数十年間続いた初代教会の最も重要なメッセージは、イエス・キリストはよみがえって、今も生きておられるという、復活のメッセージでした。あの十字架で死んだイエスは、実はよみがえって、今も生きておられる。弟子たちはそのことを証ししました。パウロはコリントの信徒への手紙一・一五章三節から五節の中で、次のように述べています。

「最も大切なこととしてわたしがあなたがたに伝えたのは、わたしも受けたものです。すなわち、キリストが、聖書に書いてあるとおりわたしたちの罪のために死んだこと、葬られたこと、また、聖書に書いてあるとおり三日目に復活したこと、ケファに現れ、その後十二人に現れたことです」

パウロが伝道したのは、西暦三五年から六〇年頃です。この時代には、イエス・キリストは復活しなかった、死んだ者が復活するなんてあり得ない、と言う人たちがたくさんいました。しかしパウロは、「キリストが復活しなかったのなら、わたしたちの宣教は無駄であるし、あなたがたの信仰も無駄です。……しかし、実際、キリストは死者の中から復活し、眠りについた人たちの初穂となられました」と述べています。

キリストを信じて死ぬ者は復活して、永遠の命を生きることができるということが、初代教会の希望でした。これは、今も変わらないクリスチャンの希望です。この希望について、今日は御一緒に考えていきたいと思います。

人生の目的とは?

しばらく前にアメリカで、ある化粧品会社が大きな公園を借りきってクイズ大会をしたそうです。文学や歴史、科学や芸術など、いろいろな分野の質問が出されました。正解すると化粧品が手渡されるので、参加者は夢中になっていました。

「さぁ、皆さん、いよいよ今日のクイズ大会もクライマックスとなりました。今まで正解者には当社の製品を差し上げていましたが、最後の質問に正解なさいますと、アメリカ中、一か月間自由に何度でも飛行機に乗ることのできるフリーチケットを差し上げます」

そこにいた人たちは大喝采《かっさい》して拍手し、最後の質問に耳を傾けました。

「さぁ皆さん、どなたでも自由にお答えください。……人生の目的とは何ですか?」

「人は、一体何のために生きているのでしょうか?」。それまで科学や芸術、文学や歴史の問題にこぞって手を挙げていた人たちはこの質問を聞いた途端、押し黙ってしまいました。そこには何十年も生きてきた人たちが何人もいたのです。しかし、改めて人生の目的は何かと問われたときに、自信を持って答えることのできる人は誰もいないように思えました。

長い沈黙の後、後ろの方で一人の少年が手を挙げました。彼は招かれ、前の方にやってきました。ミッションスクールで学んでいるという高校三年生の少年でした。

「人生の目的は三つあると思います。一つ目は、創造主なる神と出会い、この神を信じること。二つ目は、自分を愛し、隣人を愛すること。三つ目は、死後の世界に備えること」

あらかじめこの質問に正解が決まっていたわけではないのですが、この少年の答えはみんなを納得させ、少年は一か月間自由に飛行機に乗ることのできるフリーチケットを手にすることができました。

古くから、哲学は三つの命題を抱えているといわれています。人はどこから来て、何のために生き、これからどこに行くのか。三つ目の、死後の世界に備えること。これは大きな課題です。キリストの復活は、まさにその課題に対する回答を私たちに与えてくれます。

ラザロの復活物語

ある時、イエス・キリストの愛する友人であったラザロという男が病気のために死んでしまいました。死んで四日がたち、キリストはラザロの家に行きます。ラザロには愛するマルタとマリアという姉妹がいて、二人は涙をもってキリストを迎えたのです。マルタは言います。

「もし、あなたがここにいてくださったら、わたしの兄弟ラザロは死ななくて済んだはずなのに」。それを聞いた時、キリストはこう答えます。「わたしは復活であり、命である。わたしを信じる者は、死んでも生きる」（ヨハネによる福音書一一章二五節）。

キリストは妹のマリアとともに、ラザロの墓を訪ねていきます。「マリアはイエスのおられる所に来て、イエスを見るなり足もとにひれ伏し、『主よ、もしここにいてくださいましたら、わたしの兄弟は死ななかったでしょうに』と言った。イエスは、彼女が泣き、一緒に来たユダヤ人たちも泣いているのを見て、心に憤りを覚え、興奮して、言われた。『どこに葬ったのか』」（同三三〜三四節）。

この物語には、他の物語には出ていないイエス・キリストの感情が込められています。死に対して憤っているのです。創造主なる神は最初、永遠に生きる存在として人間を造られました。ところが、罪というものがこの世界に侵入してきて、神と人間との間を切り裂いたのです。その結果、人間は死ななければならなくなったのです。

私たち人間は罪の侵入によって神との関係が絶たれてしまったがゆえに、切り花のように、生きているように見えてもやがて朽ちていく、死んでいく存在なのです。なぜ人は死ななければならないのかとキリストは憤りを覚え、興奮しているのです。

「彼らは、『主よ、来て、御覧ください』と言った。イエスは涙を流された」（同三四、三五節）とあります。これも、ここだけに出てくるイエスのより豊かな感情表現です。死ぬ人を見て、人の死を前にして、イエスは涙を流された。もう悔しくて仕方がない。なぜ人は死ななければならないのか。本当は神と共に永遠に生きるはずではなかったか。罪と死に対するキリストの悔し涙です。「ユダヤ人たちは、『御覧なさい、どんなにラザロを愛しておられたことか』と言った」（同三六節）。

「イエスは、再び心に憤りを覚えて、墓に来られた。墓は洞穴《ほらあな》で、石でふさがれていた。イエスが、『その石を取りのけなさい』と言われると、死んだラザロの姉妹マルタが、『主よ、四日もたっていますから、もうにおいます』と言った」（同三八、三九節）。すでに四日がたち、体も腐ってにおっている。今更何をやっても無駄だというわけです。ところが「イエスは、『もし信じるなら、神の栄光が見られると、言っておいたではないか』と言われた。人々が石を取りのけると、イエスは天を仰いで言われた。『父よ、わたしの願いを聞き入れてくださって感謝します』。……こう言ってから、『ラザロ、出て来なさい』と大声で叫ばれた。すると、死んでいた人が、手と足を布で巻かれたまま出て来た」（同四〇～四四節）。

ラザロの復活物語です。実は、私は、ここがラザロの墓だというベタニア村の一角を訪ねたことがあります。墓の入り口は本当に小さくて、屈《かが》んで入っていくしかない。地下三階ぐらいの穴が掘られていて、いちばん下のところにラザロは葬られていただろうといわれています。

キリストは墓石を取りのけて、入り口から、「ラザロ、出て来なさい」と大声で叫ばれました。墓のいちばん下から、葬られたラザロが布に巻かれたまま、少しずつ上って出てくるのです。みんなはびっくりします。しかし、確かにラザロはよみがえった。聖書はそのことをはっきり述べています。

ユダヤ人たちは、ラザロをなんとかして殺そうとしました。死んだ人間がよみがえったのですから、これは大変なことです。イエス・キリストがよみがえらせたと、大変な噂《うわさ》になっておりました。このラザロをなんとか早く殺して、イエス・キリストが力のあるメシアであるということをなんとか隠そうとしたということが聖書に記録されています。

実は、ラザロをよみがえらせたのと同じ力を持って、イエス・キリストは信じる者を自分の後に続く者としてよみがえらせてくださるというのが聖書の約束なのです。しかも、ラザロは一度よみがえったのですが、年老いて死んだことでしょう。しかし、私たちがイエス・キリストを信じてよみがえる時には、もう二度と死ぬことのない体としてよみがえるのだと聖書は約束しています。

復活のメッセージ

二十数年前、私はアメリカの日本人教会で牧師をしておりました。ある時、高橋さんという教会員からお電話をいただいたのです。

「先生、私の友だちにテツヨさんという方がいますが、この方を訪問してお祈りしていただけないでしょうか」という依頼でした。事情を伺うと、テツヨさんは教会とはまったくつながりのない方でしたが、体調を崩し、病院に通っておられました。

その日、彼女が病院に行って検査結果を聞いたところ、余命三か月のがんであると告知されました。七十歳を過ぎたテツヨさんは大きなショックを受け、何人かの友人に電話をかけてきたのです。その一人が高橋さんでした。「それでは、うちの教会の牧師さんに来てもらって、お祈りしてもらいましょうか」と高橋さんが勧めると、テツヨさんは藁《わら》にもすがる思いで高橋さんを通して依頼してきたのです。

私は、聖書について何も知らないテツヨさんに、何をお話ししたらいいのかと必死に祈りながら訪問しました。まずは聖書の中心である復活のメッセージを語って心に平安と希望を持っていただきたいと思い、十五分ぐらいお話をしました。

どんな話かと言いますと、「この宇宙にはすべてを造られた愛の神様がおられます。ところが、罪のために、病気になったり互いに憎しみ合ったり、そしてついには死ななければならないという悲しい運命がこの世界に入ってきてしまったのです。そのすべての問題を解決するために、二千年前、神様は救い主イエス・キリストをこの地上にお送りくださり、十字架の死によって、罪の問題が根本的に解決されたのです。やがて、イエス・キリストが再び来られるその日に、イエス・キリストを信じる者は新しい命によみがえり、憎しみや悲しみ、病や死のない新しい世界に命を得ることができると聖書は約束しています。テツヨさん、イエス・キリストを信じてこの揺るぎのない希望を御自分のものになさってください」というような話です。テツヨさんはこの話に圧倒され、驚きながらも、「ありがとうございます」と言って一緒にお祈りし、お別れしました。

しばらくたって、高橋さんから電話がかかってきました。

「先生、テツヨさんが、しばらくは来ないでください、と言っています」

彼女にとってはあまりにも途方もない話でしたので、びっくりしてしまったようです。私も、ちょっと話し方を間違えたかなと思ったのですが、あと三か月しか命のない方に、どうしても必要なことを語らなければならないと思って、この復活の思想、永遠の御国への希望を語ったのです。祈りながら、しばらく時が過ぎていきました。

亡くなる直前の訪問

二週間ぐらいたって、高橋さんからお電話がありました。

「先生、テツヨさんがまた来ていただきたいと言っています」

早速、再訪問しました。今度は少しずつ、イエス・キリストについて、そして罪の赦《ゆる》しと復活の希望について語りはじめたところ、テツヨさんは少しずつ理解し、受け入れていただけるようになりました。体調が次第に悪化し、告知された三か月後にテツヨさんは亡くなっていくのですが、ある時、こうおっしゃいました。

「おやじが心配だ」

おやじというのはテツヨさんの御主人で、アメリカ人です。テツヨさんは大阪出身。アメリカに渡って結婚されました。このおやじと呼ばれる御主人は、アメリカ人にしては小柄で、おとなしい方でした。

「あのおやじが心配だ。わしがいなくなったら、おやじは一人では何にもできない」

「テツヨさん、それも、すべて神様にお任せしましょう。とにかく、祈ってください」

「もう、祈っとるよ」

いつの間にか、テツヨさんは一人で神様に祈るようになっていました。

その日は、亡くなる直前の訪問となりました。

「牧師さん、申し訳ないけど、わしはあんたの名前は思い出せん」

「いいんですよ、テツヨさん。私の名前なんか思い出さなくていいから、イエス様という名前だけはいつも覚えていてください。イエス様がテツヨさんを永遠の国へ、二度と死ぬことのない天国へ連れていってくださるんです。イエス様が死の不安からテツヨさんを解放してくださったのですよ。だから、イエス様という名前だけは忘れないでください」

そう言うと、テツヨさんは、「うん、うん。イエス様、イエス様」と繰り返されました。

小さなお葬式

ある日、夜中の一時過ぎに電話が鳴りました。牧師の家にかかってくる夜中の電話というのは、あまり良い報せではありません。テツヨさんが先ほど亡くなられたという高橋さんからの報せでした。

あの人見知りするおとなしい御主人に、何と言って慰めようかと祈りながら、テツヨさんが入院していた病院に車を走らせました。病室に入ると、ベッドの向こう側に御主人が犬を抱きながら、涙をポロポロ流して、テツヨさんに何か話しかけています。私がドアを開けたことにも気づきません。私はしばらく御主人の肩を抱きながら、テツヨさんの亡くなった顔を見ておりました。本当に安らかな顔で、苦しまないで召されたということは大きな慰めでした。

テツヨさんのベッドの横にあるテーブルの上に置かれたティッシュペーパーの箱を

見た時、私は体に電流が走るような衝撃を受けました。そこには大きくマジックで「イエス様」と書いてあったのです。びっくりしました。

それは、高橋さんの奥様に書いてもらったもので、彼女は最期にこの名前を見ながら、ここに希望を託して息を引き取っていかれたのです。これは私にとって大いなる慰めになりました。御主人は、「自分は無宗教だし、近所づきあいも悪いので、お葬式はしない」と言っていました。でも、私たちの教会のメンバーは、それはちょっとかわいそうだということで、自分たちでお金を出しあって花を買い、小さなお葬式をテツヨさんの家のリビングルームで行いました。

私は御主人の前で、イエス・キリストを信じることによって与えられる復活の希望、永遠の命への希望を語り、ぜひ御主人にも同じ希望を持っていただきたいと結びました。彼は涙を流しながらメッセージを聞いておられました。

復活の希望

ひと月ほどたってから、私たちの教会で行っている土曜日の安息日礼拝に、背の高いアメリカ人を連れて、テツヨさんの御主人がやってきました。聞けば、彼は、御主人がテツヨさんと結婚する前のアメリカ人の前妻との間に生まれた息子で、テツヨさんと再婚してからほとんど音信不通だったのです。御主人が彼に、テツヨさんが亡くなったことを知らせたところ、スケジュールをやりくりして訪ねてくれたのです。彼はバプテスト教会の牧師でした。彼が、「本当にお世話になりました。ありがとうございます。母の最期はどうでしたか?」と尋ねたので、ティッシュペーパーの箱に大きく「イエス様」と書かれていたことを話しました。お母さんはきっとイエス様を思いながら息を引き取られたのではないかという話をしましたら、大きな体をした彼が私の体を抱いて、私の背中をバシバシとものすごい勢いでたたいて、「ありがとう」と言って、帰っていかれたのです。

それから数か月後、高橋さんが、「先生!」と本当にうれしそうな顔をしてやってきました。

「ワーナーさん(テツヨさんの御主人)、バプテスマ(洗礼)を受けられましたよ!」

「えっ! どこで?」

「息子さんの教会に行ってバプテスマを受け、今は近くのバプテスト教会に毎週通っています。明るく、元気になりましたよ。もう心配ありません」

彼も、イエス・キリストを信じ、やがて奥さんと天国で再会するという復活の希望を持たれたことを知って、私たちは本当に喜びました。

新約聖書、テサロニケの信徒への手紙一・四章一三節から一八節に、次のように述べられています。

「兄弟たち、既に眠りについた人たちについては、希望を持たないほかの人々のように嘆き悲しまないために、ぜひ次のことを知っておいてほしい。イエスが死んで復活されたと、わたしたちは信じています。神は同じように、イエスを信じて眠りについた人たちをも、イエスと一緒に導き出してくださいます。

主の言葉に基づいて次のことを伝えます。主が来られる日まで生き残るわたしたちが、眠りについた人たちより先になることは、決してありません。すなわち、合図の号令がかかり、大天使の声が聞こえて、神のラッパが鳴り響くと、主御自身が天から降《くだ》って来られます。すると、キリストに結ばれて死んだ人たちが、まず最初に復活し、それから、わたしたち生き残っている者が、空中で主と出会うために、彼らと一緒に雲に包まれて引き上げられます。このようにして、わたしたちはいつまでも主と共にいることになります。ですから、今述べた言葉によって励まし合いなさい」

これは使徒パウロのメッセージです。主イエス・キリストが天から降りて来られる時に、まずキリストに結ばれて死んだ人たちが最初に復活し、それから生きて再臨を迎える者が共に空中に上げられて、いつまでも主と共に、永遠の命を得ることができる。パウロはこのように伝えました。

イエス・キリストを信じる者たちの誰もが、復活によって永遠の命への希望を持つことができる。聖書はそのことを約束しております。同時にこの復活というのは、死んでよみがえるということだけではなくて、私たちが今生きている時も、イエス・キリストを信じることによって、新しい命へよみがえることを意味しています。

親子の縁を切ってくれ

松沢信弘牧師はクリスチャンの家庭に生まれました。幼い頃から両親に連れられて教会に行ってましたが、教会が大嫌いでした。小学六年生の時に、自分はもう教会には行かないと、教会決別宣言をしたのです。

ところが、それから悪の道に進み、中学二年の頃から本格的にぐれはじめました。無免許でオートバイを運転している時に検問に引っかかり、それを振り切って白バイに追いかけられ、猛スピードで逃げていく時に大型トラックに激突し、首の骨を折ってしまったのです。すぐに入院しましたが、医者はもうダメだと言う。ところが、熱心なクリスチャンだったお母さんはあきらめきれず、牧師を呼んで息子のために祈ってもらいます。みんなが目を閉じて祈っている姿を、彼は薄目を開けて見ながら、心の中でつぶやきます。「くだらない。馬鹿じゃないか」

その後、奇跡的に首の骨折が癒《いや》されて、彼は復帰します。ところが悪さをやめようとはせず、家を出たら学校には行かず、まず喫茶店に行って友だちとたむろする。それから映画館に行き、女の子を追いかけるというような生活をしていたのです。学校にはろくに行かないまま中学を卒業し、ヤクザへの道をまっしぐらに進んでいきました。街をぶらついては喧嘩《けんか》を売り、喧嘩を買う。本当に暴力団の下に入るような生活をしておりました。

母親は何度もアパートを訪ねては家に帰るように説得するのですが、彼はいっこうに言うことを聞かない。この母親は息子を本当に愛しておりました。親分のところまで行って、なんとか息子を家に返してほしいと土下座してお願いしました。何度も彼のアパートの下で夜通し祈り、夜明けを迎える、そんな母親だったのです。でも、彼にとってはその母親がうっとうしくてしょうがなかった。友人たちは、お前はこのような世界にいる人間ではない、まともな世界に早く帰った方がいいと言うのですが、彼の心はまったく動かない。

二十歳になったある日、彼は両親の元に久しぶりに帰ってきて、こう言ったのです。

「親子の縁を切ってくれ。俺は太く短く、自由に楽しく生きていきたい。チンピラだろうとヤクザだろうといいだろう。ただ俺に何か問題が起こった時に名前が出たら、あんたたちに迷惑がかかる。だから親子の縁を切ってくれ」

母親はその言葉を聞いた時に、「本当にいいんだね？」と念を押します。

「あぁ、かまわない。早く親子の縁を切ってくれ」

「わかった。そこまで言うんだったら、お前という子を忘れよう。お腹を痛めて産んだことも、お前という子がいたこともみな忘れてやろう。ただ、一つだけ条件を聞いておくれ」

「何だ、その条件とは」

「沖縄に母さんの知り合いの牧師がいるから、しばらくの間だけでいいので、その牧師のところへ行っておくれ」

どんな難しい条件かと思えば、ただその教会に行って寝泊まりするだけでいいというので、「それはお安いご用だ」と言って、その条件をのむわけです。

二月の寒い朝、彼は羽田から沖縄に向かう飛行機に乗ります。空港には父親とお兄さん、お姉さんが見送りに来てくれました。母親は家で祈っていると言って、空港へは来なかったのです。お姉さんは婚約をしていましたが、この弟のために母親がどれほど苦労しているのかというのを目の当たりにして、「弟が立ち直るまで私は結婚しない」と婚約を破棄し、母親と共に祈る決意をした本当に心の優しい方でした。

もう一度やり直してごらん

彼は沖縄に飛んで、教会の片隅に住み、義理で礼拝に出席し、義理で教会の掃除などもしておりました。礼拝に出るたびに牧師の話を聞いて、本当にくだらねぇといつも思っていました。牧師の話を聞きながらうなずいたり「アーメン」と言ったりする信徒を見て、馬鹿なやつらだと軽蔑《けいべつ》していたのです。

ところがある晩、那覇市で伝道集会があり、彼はそこに連れていかれました。そこでは伝道者がイエス・キリストの十字架について語っていました。

「皆さん、一体イエス・キリストがどんな悪をなしたというんですか？　どんな罪を犯したというんですか？　何も悪いことをしていないのに、キリストは十字架につけられて、人々から罵倒《ばとう》されました。『お前が救い主だったら、そこから降りて自分を救ってみろ。そうしたら救い主だと信じてやろう』。さんざん馬鹿にされ、嘲笑《ちょうしょう》された。しかしキリストは祈られたのです。『主よ、彼らをお赦しください。彼らは自分が何をしているのか、何を言っているのかわからずにいるのです』」

松沢少年にとっては、何度も繰り返し聞かされた話でした。しかしその晩、彼の心は騒いだのです。そのメッセージを聞きながら、自分は今まで、一体どういうつもりで生きてきたんだろう。理性も知性も曇らせて、本能のままに生きてきたのではないか。そして、キリストに向かって罵声を浴びせかけている群衆の中に自分の顔が見えた。自分はキリストを罵倒している群衆のあの一人なのだと。

伝道者は叫びました。「今日、イエス・キリストを受け入れて新しくやり直したいと思われる方、どうか前に出てきてください」。胸騒ぎがして、彼は立ちたいと思ったのです。でも、恥ずかしくて立ち上がることができませんでした。

しばらくたって、いつものように礼拝に出ていた時に、牧師がまた十字架の話をしていたのです。最初は、またか、くだらねぇなぁと思って聞いていたのですが、牧師はこう言ったのです。

「イエス・キリストは十字架で死んで、三日目に復活なさいました。信じる者に、イエス・キリストはこの復活の力を与えてくださいます。もう一度やり直したい。そう思っている方はいませんか？　キリストはその力を与えてくださいます」

また彼の心が騒ぎました。その時、母親が彼のために背中を丸めて一晩中祈っている姿が思い浮かんだのです。母親を目の当たりにしていた時は、祈りなんてくだらねえ、一体祈りにどんな力があるってんだ。馬鹿じゃねぇか。祈りなんて弱い人間のやることだ。そう思っていた。ところが、馬鹿にしている自分が本当に弱い者で、実は祈り続けている母親が強い存在ではないかと思えたのです。牧師が招きました。

「イエス・キリストの復活の力をいただいて、もう一度やり直したいと思われる方、どうぞ前へ出てきてください」

それを聞いた時、胸がドキドキと高鳴ったのです。今までは、そんな話くだらないと思っていた。でも、その時は胸が高鳴った。そして声が聞こえたのです。「もう一度やり直してごらん」という声でした。びっくりしながらその声をかき消して、立っちゃいけない、立っちゃいけないと思っていたのですが、また声が聞こえてきた。

「もう一度やり直してごらん」

その時、彼はいちばん後ろの席に座っていました。その後ろは壁でしたが、ドンと背中を誰かに突かれた気がして、思わず立ち上がってしまったのです。そして真ん中の通路を牧師に向かって歩きはじめたのです。涙がポロポロ出てきて止まらない。泣きながら彼は祈りました。

「神様、俺は泥だらけです。傷だらけです。罪だらけです。でも、あなたが本当の神様だったら、どうか俺を変えてください。救ってください。お願いします」

もう自分でも考えられないようなお祈りをしながら牧師の前に立ち、その日、彼はイエス・キリストを受け入れたのです。二十一歳の時でした。

神様は、クリスチャンになった松沢青年に希望を与えました。二十一歳の中卒のヤクザに、牧師になれ、と。それは無理だと思った。自分を見たら、牧師に向かない材料がいっぱいある。自分の過去が知られたらどうなるのか。勉強もろくにしていないから字が読めないし、書けない。でも、神様は彼に、牧師になれという使命を与え続けたのです。

彼はこのように思いました。自分を見たら悲観的な材料は山ほどある。でも、十字架のキリストが私を招いておられる。自分を見ないでキリストを仰いでいこう。

彼は二十一歳の時から、中学生が通う塾に二年間通いました。二十三歳で高校に入学し、二十六歳で卒業して、神学校に行って大学院を修了し、牧師として活動を始めたのです。彼はこう言います。

「神様は、私たちをありのままで受け入れてくださいます。泥だらけ、罪だらけのままで受け入れ、私たちに新しい命を与えてくださいます。神様は決して、良くなってからおいで、正しくなってからおいでとは言われない。そのままの私たちを招いてくださって、私たちを造り変えてくださるのです。私はこの神様の力を証しします」

救われた喜び

もう一人、竹内敏彦という死刑囚のお話をしたいと思います。彼は貧しい家庭に生まれ育ちました。結婚して家庭を持ちましたが、仕事がうまくいかなかったので、暴力団関係者の金融からお金を借りたのです。ところが、その後借金が返せなくなり、借金の取り立てに苦しんだ彼が考えたのは保険金殺人でした。身近な人に保険金をかけて殺し、その保険金で借金を返すという手口でした。

一九七九年十一月と一九八三年一月に、保険金をかけて二人の知人を殺して借金を返したのです。しかしまだ返しきれず、苦しい取り立てに悩んでおりました。そして一九八三年の十二月に、取り立てに来た金融業者を殺してしまう。結局、三人殺してしまいます。翌年の五月に犯行が発覚し、殺人犯として逮捕されました。

その彼に、青木栄一という国選弁護人がつきました。青木弁護士はクリスチャンでした。最初に面会した時、竹内被告人は人を見下げ、他人の言うことはまったく聞き入れず、自暴自棄でした。親や兄弟はみんな大地震でも起きて死んでしまえばいい、自分も死刑になろうがどうなろうがまったく構わない、とうそぶくような態度を取ったのです。ところが、自分が死刑になっても構わないという言葉とは裏腹に、彼の視線は泳いでいました。青木弁護士は、その定まらない視線をしっかりと見届けて、自分はクリスチャンであることを告げ、竹内被告に聖書を読むように勧めたのです。

牧師の手ほどきもあって、彼は一九八五年の八月に拘置所内で洗礼を受け、クリスチャンになります。彼はキリストに救われた喜びを手記にしていますので、少し御紹介したいと思います。

「現在、私はコンクリートに囲まれた三畳半の独居房の中で、もう八年間生活していますが、イエスさまを受け入れて以来、この狭い独居房もパラダイスと変えられています。死に対する恐怖心も、孤独感も、苦しみも、すべて喜びと感謝に変えられました。

私は、この感謝と喜びと平安こそが、イエスさまがお約束してくださっている天国なのだと実感しました。イエスさまは、罪に溺《おぼ》れ闇の中をさ迷っていた私を、暗き所より真の光の下に導き出してくださったのです。本当に、神さまに立ち返ることは、こんなに素晴らしいことだったのですね。ハレルヤ！

私のような、罪深い愚か者が十字架に救われるには、こうした方法しかないことを神さまはご存じだったのでしょう。まったく神さまのなされるみわざは、私のような者に知る由もありませんでした。すべて神さまのなさることは不思議です。……

私はあの新生した時の感動と喜びを思い出し、今日もイエスさまの愛に溶かされて、このイエスさまに一切を明け渡しています。殺人犯である私を清めて天国の世継ぎとし、神の子として迎えてくださるというのです。感謝の気持ちでいっぱいです」

彼はクリスチャンになって祈り続け、何とか死刑だけは免れたいと思ったのですが、判決はやはり死刑でした。しかし、この事実は受け止めなければならないと心に誓ったのです。

神の救いの御計画

その後、もっと辛いニュースが入ってきました。幼い時に母を失った彼の母代わりとして育ててくれた実のお姉さんが、お前の育て方が悪いからあの弟は殺人犯になったんだと責められて、自ら命を絶ってしまったのです。これは自分の死刑判決より、もっと悲しいことでした。自分の弱さゆえに、姉の家庭が滅茶苦茶になってしまった。この時はさすがに聖書を読む気力も、物事を考える力も失って、「神様、神様」と祈るしかなかった。彼は、自分のような者は救われてはいけないのではないか。自分の家庭も被害者の家庭も姉の家庭も滅茶苦茶にして、こんな罪深い自分は天国なんか行ってはいけないのではないか。そう思ったのです。

「私が犯した罪のためにどれほど多くの人々を傷つけ痛めてきたことか。ご遺族の皆様はじめ、親、兄弟、妻子の心にはかり知れない傷を与えてしまいました。愚かな私の行為のために、幸せであった生活も、一瞬にして破壊されてしまったのです。この重荷を負わせてしまったご遺族の皆様には償《つぐな》っても償い切れない責任に苦しみました。数知れない過ちに対して、自分はとても償い切れないものであることを思いますと、私は永遠に裁かれ、滅びるより他にない者だということを感じました。……

ある日、自分の犯した罪の大きさに苦しみに苛《さいな》まれていた時、尊敬する信仰の友が私に言いました。

『今、君は失望しているが、私たちのような罪人を救うために、罪のない神の子のイエスさまが十字架にかかり、私たちの身代わりとなって天の神さまにお詫《わ》びしてくださったのです。私たちを罪と永遠の死より救うために、贖《あがな》ってくださったのです。ですから、このイエスさまの身代わりの死は、君のものであり、私たちのものなのです。だから罪を悔い改めて、心からイエスさまを信じて大きな希望をもってください。そして、すべての重荷をひっさげて十字架の下に立つのです。

罪ある者を救わんとして生命を捧げた場所。絶対的な愛の血潮が流され、新しい生命が吹き出る所。そこが君も私も、そしてすべての人が立つ唯一の場所なんです。たとえ君のような大きな罪を犯した人間であっても、そこに立てば自分がいかに尊い者かを知り、人生が変えられるのです。神さまが御子を捨てたもうほどに、汚れて哀れな者を愛してくださると証しされている。十字架の下に立つべきです』

この友の信仰にあふれたことばに、十字架の重さをしみじみと知り、イエスさまの愛に私の罪深い傲慢《ごうまん》な心が打ち砕かれました。なんと神さまの御恵みとあわれみは深いことかと、この時ほど、神さまの愛に圧倒されたことはありませんでした。……

それ以来、私の心は一変しました。今まで苦しんでいた罪に対する苦しみは取り除かれて、心には何とも表現しがたい大きな喜びが湧いてきました。もうこれでいつ死刑になっても怖くない、平気だ！　私を救ってくださったイエスさまがおられる天国へ行けるのだから……。今まで恐ろしいと思い続けていた死刑台が、天国へのスタート台になるのだと信じられるようになり、心に平安が与えられました」

罪深いからこそ、滅びに価するからこそ、キリストは十字架で身代わりとなって死んでくださった。そこにしか私たちの立つ場所はないんだと友に言われた時、彼は初めて神の救いの御計画がわかったのです。そして神が今も私たちに働いて、私たちを新しい命へと復活させたいと願っていることを知りました。

十字架の福音

「イエスさまが世の一切の罪をわが身に引き受けて、贖ってくださったこと。そして、十字架上の死の三日後、死に打ち勝って、復活されたこと。

この事実ほど、私を奮い立たせてくれるものはありません。ここに私は、罪からの解放、救い、そして眼前に迫っている死刑の恐怖からの解放を見いだすのです。

被害者とご遺族にはいくら詫びても詫び切れぬ重荷を背負っている私にとって、イエス・キリストが十字架の死苦をもって代わって贖ってくれたということほど、たましいに安らぎを感じることはありません。恵みと憐れみの神さま、その神さまにこんな小さなチリやカスにもみたない者が覚えていただける幸いを心から感謝せずにはいられません。……

私のような罪深い、取るに足らぬ者が、イエスさまに選び出され、神の子とされ、永遠のいのちをいただき、素晴らしい祝福の中に生かされていることに、ことばに言い尽くせない感謝と感動と喜びを覚えます。……

事件以来別れた妻も、一九八九年の十一月に受洗にあずかる恵みをいただき、今は信仰に励む毎日を送っています。

また、二人の子どもも主の御手のうちに守られ、……牧師の熱心な伝道によって主のもとに導かれつつあります。これも、神さまの深い深い憐れみと慈しみによるものと感謝するばかりです。

このような素晴らしい神さまを、あの人にも、この人にも、世のすべての人々に伝えたい、永遠のいのちをいただいて希望とともに生きる喜びに満ちた人生を体得していただきたいと願う気持ちでいっぱいです。……

『いつも喜んでいなさい。絶えず祈りなさい。すべての事について、感謝しなさい』（テサロニケ一・五章一六～一八節）。常にこのみことばを覚え、十字架の福音を一人でも多くの人に伝え、約束されている祝福を共にわかち合いたいと祈っています」

約束された永遠の命

「神は、その独り子をお与えになったほどに、世を愛された。独り子を信じる者が一人も滅びないで、永遠の命を得るためである」（ヨハネによる福音書三章一六節）。

神様は、私たち一人ひとりを愛するがゆえに、イエス・キリストを与えてくださいました。そして、イエス・キリストを死からよみがえらせて、永遠の命の徴《しるし》として、私たちに同じ命を与えてくださると約束してくださったのです。どうかイエスの、この十字架の愛、そして新しく与えてくださろうとしている永遠の命を信じて、自分のものにしていただきたいと思います。神様は私たちと永遠に住むことを心から望んで、私たちに命を与えてくださいました。私たちがこの世の人生だけでその生涯を終えようとするのであれば、これ以上神様にとってさみしいことはありません。

先日、二十八歳の息子を失った牧師さんとお話をしました。「子どもを先に失うことがこんなに辛いこととは思わなかった」と、しみじみと語っておられました。「家内は今でも泣き続けています。信仰だけが支えです」

私たちは神様の子どもなのですから、私たちが失われることがあれば、これほど悲しいことはありません。私たちが神様と共に永遠に生きること。これ以上の幸せはないと思います。どうかイエス・キリストが死に打ち勝って、三日目によみがえったその命を、今日、私たち一人ひとりに与えようとしてくださっていることを心から信じていただきたいと思います。

「ここにいていいんだよ」

――イエスの再臨

第6話

ここにいていいんだよ

熊本に、T君という青年がおります。彼は三歳の時に両親が離婚し、お母さんに引き取られます。別れたお父さんはお寺のお坊さんでした。お姉さんはお父さんと一緒にお寺に残り、T君はお母さんと一緒にお母さんの実家に移ったのです。

T君のおじいちゃんは、非常に厳格な教育者でした。娘が離婚したということが許せなくて、辛く当たります。父親から責められる娘は、今度は息子に当たる。T君の耳の下はいつも裂けていたそうです。T君が何か悪いことをすると、お母さんが引っ張って耳が裂け、血が出ていたのです。

学校でも非常にすさみ、嘘《うそ》をついて、外で万引きをしたり、先生に文句を言ったり、唾《つば》をかけたりする問題児でした。学校で何か問題があり、物がなくなったりすると、Tのせいだと言われるような子だったのです。

T君が小学校二年生になった時に、家の近くに、セブンスデー・アドベンチスト熊本キリスト教会が引っ越してきました。夏期聖書学校という夏休みの特別プログラムに参加したのをきっかけに、T君は毎週土曜日の午後に行われる小羊クラブという子どもの集会に参加するようになりました。

ところが、彼は非常に落ち着かない子でした。教会に来てもいたずらをするような子だったのです。この教会で文書伝道の働きをしておられるKさんが、T君と出会いました。他の子どもたちは、「こいつは今日学校で先生に物をぶつけたんだよ」というように、いつもT君の悪口を言います。そのたびに、T君の顔が曇り、暗くなる。教会も自分のいる場所ではないのではないかという表情を見せるのです。そんな時、Kさんが、「大丈夫、神様がここに君を導いたんだから、ここにいていいんだよ」と慰めてくれます。

Kさんは子どもたちと一緒に遊びました。雨が降れば教会の中でもサッカーをするので、教会の長老さんたちからにらまれたりしましたが、こうしてKさんとT君の心が通っていきました。Kさんにだけは嘘をつかない、そんな子でした。

ところが、T君が小学校六年生になった時に、家にあったお金をすべて持って、お母さんがパチンコ好きの男と駆け落ちしたのです。T君はいよいよお母さんにまで見捨てられたのかと、孤独のどん底に突き落とされます。ただ教会だけが彼の心の安らぎとなりました。神様だけが頼りだったのです。

Kさんと一緒に聖書を学んでいた中学一年生の時、イエス様はいつも私たちと共にいてくださる、天国に帰った今でも、私たちの救いのために、私たちの幸せのために祈ってくださっているという話を聞きました。

T君はものすごく感動しました。親に見捨てられ、先生から見放されても、イエス様だけは自分を見捨てない。自分のために祈っておられる。聖書研究の後で、「神様、本当に僕のために祈ってくれてありがとうございます。愛してくれてありがとうございます。いつもそばにいてくれてありがとうございます」と感謝の祈りをささげました。神様を本当に信じられるようになってから、彼は自分を捨てた母親を少しずつ受け入れられるようになってきました。

そんなある日、ギャンブル好きの男がお金を全部使い果たし、生活に困ったお母さんが家に帰ってきました。ところが帰ってきた娘に対し、T君のおじいちゃんは、「お前のようなやつを家に入れる筋合いはない。出て行け」、T君に向かって、「こんな親を許す必要はないからな」と、厳しく言われたそうです。お母さんは泣きながら家を出ていこうとしました。その時、T君は、二階の部屋に上って貯金箱をたたき割り、貯めていた貯金のすべてを取り出し、黙って母親に差し出したのです。母親はそのお金を握って、再び家を出ていきました。

クラス担任への手紙

やがて、T君は、自分の人生の支えはイエス・キリストしかいないと考えるようになり、バプテスマを受ける決心をしました。中学一年生の冬のことです。おじいちゃんとおばあちゃんの前に彼は正座をして、「僕は神様の子になりたいので、バプテスマを受けたいんです。どうか認めてください」と頼んだのです。ところが、宗教嫌いのおじいちゃんとおばあちゃんはその申し出を断固としてはねのけました。おじいちゃんはこう言いました。

「お前のような親のいない子は、良い高校に、良い大学に行って、良い会社に就職するしかないんだぞ。公務員か教師にでもならなかったら、この先大変だぞ。土曜日に学校を休むなんてとんでもない」

ところが中学校一年生のT君は、「良い高校に行くために教会へ行けないのなら、僕は高校に行かなくてもいい。僕は毎週教会に行きたい」と言う。おばあちゃんは、この子が教会に行っていなかったら、少年院に送られていたに違いないと思いながらも、「中学生のお前には教会以外の楽しみはないのかい」と尋ねました。すると、T君は、「僕は教会に行くのがいちばん楽しいんだ」と答えました。この孫の切なる願いに、祖父母はバプテスマを受ける決心を受け入れたのです。

T君は冬休みにバプテスマを受けて、三学期の初めに学校に行きました。クラス担任のK先生に、「これからは第一と第三土曜日に学校には来ないで、教会に行きます」ということを依頼する手紙を書きました。彼はその手紙の中で、このように述べています。


「先生、僕は十二月二十八日にセブンスデー・アドベンチスト熊本キリスト教会で洗礼を受けてクリスチャンになりました。僕が三歳の時、父と母が離婚し、母と僕は母の実家で暮らすことになりました。僕にはずっといろいろなことがありました。それは僕にとってとても辛いことでした。母は小学六年の時、僕を置いて出ていってしまいました。悲しみと寂しさで、どうしていいかわかりませんでした。

その時、小学二年の時から通っている教会で聞いていた神様のことが心に響いてきました。僕はこんな状態の中でも生かされていることに気がつきました。小さい頃から孤独でした。でも、いつも助けてくださっているのは神様だということがわかりました。どんな状態でも感謝することを聖書から学びました。母に対しても憎んだりする気持ちはありません。僕はずっとお世話になっていたおじいちゃんやおばあちゃんにもたくさん迷惑をかけていましたが、これではいけないと神様が教えてくださいました。僕にとって信仰は大切なことであることがわかりました。

神様は僕の心の土台です。教会の人たちも僕のためにずっとお祈りしてくださいます。僕の家族のようです。僕は、神様の教えに従ってずっと生きていきたいと思います。教会で毎週土曜に礼拝をしています。聖書の初めに、神は天と地を造られて、休まれたのが七日目の安息日だと書かれているからです。安息日には教会に出席し、聖書の学びと礼拝をし、あとの六日間を一生懸命に頑張りたいと思います。第一と第三の土曜日（当時の登校日）は学校を休んで教会に行きたいと思います。授業とか宿題は後から友だちに聞いて、先生には御迷惑をかけないようにします。おじいちゃんやおばあちゃんにも理解してもらっています。先生、どうぞよろしくお願いいたします。

一九九七年一月　T」

担任の先生は初めてのケースなので戸惑ってしまい、数日間この手紙を背広の内ポケットに入れて、どうすることもできなかったそうです。自分一人ではどうしても判断することができなかったので、数日たってから校長先生に、「実はうちのクラスにこのような子がいて」と手紙を見せました。たまたま、その校長先生はサインズ誌（セブンスデー・アドベンチスト教会の月刊誌）の愛読者であったために、「あぁ、この教会か。じゃあ大丈夫だよ」と言い、土曜日に休むのを認めてくれました。

彼は教会生活を楽しむようになりました。やがて彼は父親の元に引き取られましたが、神様への信仰はずっと持ち続けています。イエス・キリストは、どんな困難な時でも、「わたしはいつもあなたがたと共にいる」と約束してくださいました。

クリスチャンの最大の希望

T君が通ったセブンスデー・アドベンチストという教会について、簡単に御紹介したいと思います。「セブンスデー」というのは週の第七日目。土曜日に礼拝をしている教派です。先ほどの手紙にもありましたように、神様は六日間で創造の業《わざ》を終えて、七日目に休まれました。安息日はここから来ています。アブラハム・ヘッシェルというユダヤ人の学者は、神様は七日目に休息の日を創造されたと言っています。この日に神は愛する人間と交わるように意図されました。七日目ごとに私たちは神と交わり、このお方から新しく命をいただき、生きる目的を確認する。これが、週の七日目に礼拝をする一つの理由なのです。

後半の「アドベンチスト」。アドベントというのはキリストの再臨のことです。アドベンチストというのは、再臨を待ち望む者という意味です。再びこの地上にキリストが帰ってこられる。しかも、キリストを信じて死んだ者が、その日、新しい命によみがえる。生きて再臨を迎える者は、イエス・キリストと共に天に昇って、やがて新天新地で、永遠に神とイエス・キリストと共に住む。これを信じる者というのがアドベンチストという名前の意味なのです。再臨はクリスチャンの最大の希望です。

二冊のノート

私の出身大学は国際基督教大学ですが、十数年前に久しぶりに母校を訪ね、数年間大学教会の牧師を務めている後輩と、いろいろな話をしました。その時、彼は一冊の名簿を見せてくれました。そこには大学を卒業して牧師になった人、牧師夫人になった人、宣教師になった人たちの名前が記されていました。その名簿の第一期生に、原崎百子《ももこ》という牧師夫人の名前が出ていたのです。

原崎百子さんは一冊の本を遺しました。彼女が亡くなった後、夫の原崎清牧師が編集した『わが涙よ、わが歌となれ』というタイトルの本です。

百子さんは体の調子が悪くなり、一九七八年三月九日、御主人と一緒に大学病院に診察に行きました。後日、検査の結果を御主人の原崎牧師が一人で聞きに行ったところ、医者から告知されたのは、非常にショッキングな言葉でした。

「百子さんの病気は左右に広がる肺がんで、余命三か月の末期です。最もたちの悪いがんなので、ものすごい苦しみが伴うでしょう。状態があまりよくないので、年内が限度でしょう」

最初、原崎牧師は一人で抱え込んでいました。ところが、六月に二回ほど入退院を繰り返した百子さんを前に、原崎牧師は彼女の病状を告げたのです。百子さんは、同じ病気の教会員を最期まで看取ったことがあります。その病名を聞いた時、百子さんはすべてを悟りました。そして、「あとどのくらい、ということは私の口からは聞きませんから」と言って、厳粛な最後の日々の事実を受け取っていきます。

二人には十五歳の長女を筆頭に、十四歳、九歳、七歳の三人の男の子がいました。百子さんは、愛する夫、愛する四人の子どもを残して先に逝《い》かなければならない現実を悟ります。そして、清さんに、ノートを二冊買ってきてほしいと頼みます。一冊は夫の清さんに遺す言葉を綴《つづ》るものであり、もう一冊は四人の愛する子どもたちへのものでした。

夕方になり、子どもたちが学校から帰ってきます。いつものようにやさしく、楽しく、愉快に子どもたちを迎えて、その晩、百子さんは二冊のノートに言葉を書き記しました。清さんへのノートには次のように書いてありました。

「一九七八年六月二十八日という日を、ここに明記しておきたい。今日は私の長くはない生涯にとって画期的な日となった。私の生涯は今日から始まるのだし、これからが本番なのだ。私は今本当に正直にそう思っている。……これまでの一切は、これからの日々のためのよい準備でもあった」

この日、百子さんは自分が死ぬということを明らかに知ったのです。人は必ず死にますし、それがいつになるかは誰も知りません。百子さんはもうすぐ自分の命が終わるということを知った時に、これからが私の人生の本番だと思ったと、日記に書き残しました。

子どもたちに遺すノートの裏表紙には、「お母さんを、お母さん自身をあなたがたにあげます」と書き、以下の本文につなげています。

「愛する子供たちへ　六月二十八日。あなたがたは信ずるだろうか。この母が、あなたたちをこよなく愛していることを。一人一人を、どの一人をもかけがえのないものとして、こんなにも切ない思いで愛していることを。あなたたちを、この体の中ではぐくみ、父と共に、感謝と喜びをもって、迎え、抱き、育て、力を合わせていつくしんできたことを。あなたがたが、この母の愛をもし信ずるならば、どうか信じて欲しい、神さまの愛を信じて欲しい。一人一人をかけがえのないものとして、いつくしんで下さっている神さまの愛を、信じて欲しい。たとい、お母さんが天に召されても、それでも、あなたがたが信じつづけられるように。悲しみを乗り越えて生きていけるように。覚えてほしい、私の愛は小さな支流、神さまの愛こそが本流であると。……

お母さんが何よりうれしいのは、四人が各自、信仰をもって生きる人になること。信仰とは、ただ『目に見えない神さまが存在する』なんていうことじゃありません。神さまを愛の神さまだと信じ抜くことなのですよ。お母さんは自分の病気を知っている。やがてもっともっと肉体の苦しみがおそいかかってくることも覚悟しています。そしていつかこの肉体が死ぬことも。それもずっと先のこと、というわけにはいかないでしょう。だけど、もっとよくお母さんにわかっていることは……お母さんの生涯全体を通して、神さまは真実でいらっしゃる、神さまの愛はますます大きく深くお母さんを包んでいて下さる、そして何よりもキリストがお母さんと共にいて神の国へと伴って下さるということ。
どうか、苦しむお母さんを見ていて下さい。お母さんの最期を見とどけて下さい。……お母さんは、お母さん自身をあなたがたにあげるのです。どうかそれをしっかりとうけとめて下さい。どうか、キリストの道を歩み、右へも左へもそれないで下さい。そのことのために、この母の苦しみを、涙を、叫びを、祈りを、信頼を、感謝を、踏み越えて進んでいって下さい」

信仰は力ですよ！

病気はどんどん悪化していきました。それでも百子さんはいつものように楽しい母、優しい妻であり、聖書を読み、祈る信仰者でありました。やがて体の調子が本当に悪くなって、熱にうなされ、自分の力で呼吸し、しゃべることも、トイレに立つこともできなくなっていく。亡くなる四日前、このように書いています。

「八月六日。神さま、出来ないことがどんどんふえています。トイレまでも人の手をかりることになりました。息も自分の力だけでは出来ません。四六時中、酸素ボンベにビニールの管でつながれています。神さま、まるで仔犬のようでございます。時々キャンキャンふうふう言うのまでも。でも神さま、目が見えます。耳もきこえます。字もかけます。口で歌えなくても頭と心とでさんびかが歌えます。風を心地よいと感じられます。人のやさしさをうれしいと思えます。冷たい麦茶もとてもとても美《お》味《い》しゅうございます。考えられます。感謝できます。祈れます。『あ、り、が、と、う、ご、ざ、い、ま、す』と、区切りながら言うことが出来ます。時がわかり、日がわかります。今日は八月六日。そして主の日です。神さま、私は生きております。こんなにも充実して。神さま、何よりうれしいのは、神さまを信じ仰ぐことが出来ることです。イエス・キリストの道を、私も生命をかけて進みゆくことが出来ることです。そして……やがてキリストに伴われてみ前にでることを許して下さいませ」

事態がどれほど悪化しようとも、彼女の心には感謝と賛美が湧き上がりました。彼女の希望は、やがてキリストが来られるその日に、再び神の御前に出ることでした。

八月九日。最後の日記です。

「四十四年生きてきて、とても面白かった。楽しかった。でも、どこかでいつも真面目に生きてきた。結婚してからも随分忙しく働いたみたいだけど、どれもいつも楽しんで働いてきた。だから本当に幸せでした。みんなを心から愛しています」

この言葉を最後に、彼女は最期の時を迎えます。家族が呼ばれ、東京からお姉さんが駆けつけてきて、「百ちゃん、頑張ってね！」と枕元で励ました時、彼女はお姉さんに大声で怒鳴り返すのです。

「お姉さま、信仰を持たなければ駄目ですよ！　教会に行かなければ駄目ですよ！　わかりますか！　信仰は力ですよ！　お母さまにもそう伝えて下さい！」

彼女の目はつり上がり、唇《くちびる》は色を失い、まさに死の形相でした。しかし、家族や友人、知人の名前を挙げながら一人ひとりを案じつつ、夜中に、「神はわがやぐら、わが強き盾《たて》。苦しめるときの近き助けぞ」というあの宗教改革者マルティン・ルターの作った賛美歌を声にもならない声で歌い、最期に「キリスト！」と叫ぶのです。そして夫の清さんの手を自分の胸のところに持っていって、手のひらに、「ニヨルカイホウ」（キリストによる解放）と書きました。それから痙攣《けいれん》を起こし、二時間ほどのたうち苦しむような経験をして、八月十日午前一時四十分、百子さんは召されていきました。

清さんはその姿を見て、「信仰の闘いを闘い抜いた勇者の天への凱旋《がいせん》のようであった」と記しています。そして最後の病床の時、「信仰の持つ力と平安に彼女自身びっくりしていた」と書き添えました。キリストが今も共にいてくださること、そしてキリストがやがておいでになって新しい命へと私たちを造り変え、天におられる父なる神のもとへと寄り添って連れていってくださるということ。この信仰の力に、その平安に、彼女自身びっくりしていたのです。イエス・キリストの再臨の約束は、信じる者にとって大いなる力なのです。

新しい世界への架け橋

キリストと共に行く新天新地。聖書のいちばん最後にあるヨハネの黙示録二一章一節から四節に、その世界が描写されています。

「わたしはまた、新しい天と新しい地を見た。最初の天と最初の地は去って行き、もはや海もなくなった。更にわたしは、聖なる都、新しいエルサレムが、夫のために着飾った花嫁のように用意を整えて、神のもとを離れ、天から下って来るのを見た。そのとき、わたしは玉座から語りかける大きな声を聞いた。『見よ、神の幕屋が人の間にあって、神が人と共に住み、人は神の民となる。神は自ら人と共にいて、その神となり、彼らの目の涙をことごとくぬぐい取ってくださる。もはや死はなく、もはや悲しみも嘆きも労苦もない。最初のものは過ぎ去ったからである』」

この世界には涙があり、死も、悲しみもあります。残念ながら、神様が造られた宇宙へ闖入《ちんにゅう》してきた罪のゆえに、この世界は死や病や涙が絶えません。しかしイエス・キリストが再びおいでになって、私たちを連れていってくださる新しい天と地には、涙も、死も嘆きもない。すべてが新しく造り変えられたのです。

聖書は、世界の終わりについて語っています。聖書が示す終末論というのは、全宇宙、全人類が滅びてしまうというようなものではありません。聖書が説く終末論は、イエス・キリストの再臨によって、罪によって支配されていたこの世界がまったくリセットされて、死や病気、悲しみや憎しみ、涙がすべてなくなっていくというものです。

神様はすべての人間を救い出し、天国という新しい世界に連れていきたいと望んでおられます。そのためにキリストはこの地上に飛び降りて来られ、愛のメッセージを語り続け、御自身の命をもって、私たちを救おうとされたのです。ただ、罪に固執して神の愛を拒否したときに滅んでいく者がいる。これは悲しい事実として、聖書に描かれています。この古い世界から新しい世界へと導いていくのは、唯一、イエス・キリストという架け橋なのです。イエス・キリストを信じる者が、この死もなく嘆きも悲しみも労苦もない世界へと導かれるのです。

あなたは私を信頼しますか?

アメリカとカナダの国境にナイアガラの滝があります。私は何年か前にこのナイアガラの滝を訪ねて、初めて二つの滝があることを知りました。カナダ滝とアメリカ滝です。どちらの滝かはわからないのですが、一八五八年六月三十日に長さ三〇〇メートルのロープが張られ、チャールズ・ブロディンという軽業師が綱渡りをしました。最初、チャールズはカナダからアメリカに向かって綱を渡りました。人々はドキドキしながら彼の業を見ておりました。無事にアメリカ側に着きました。待っていた観衆は大喝采《かっさい》して彼を迎えました。拍手を鎮めたチャールズはこう言いました。

「みなさん、もう一度私が向こう側に戻ることができると思いますか? このロープを渡って向こうへ戻ることができると思いますか?」

観衆はもう一度綱渡りが見られると思って、「できる！　やってみろ！」と叫びました。

「では、みなさん。誰かを背負って私は向こうへ戻ることができると思いますか？」

それを聞いた人々は、「できる！　やってみろ！　やれ！　やれ！」と叫んだのです。そこでチャールズは、ことのほか「やれ！　できるからやってみろ！」と叫んでいる男の人を指差して、「あなた、私の背中に乗ってください」と言ったのです。そうしたら、その人は口を開けたまま黙ってうつむいてしまったのです。

彼は次から次へと叫んでいた人を指差して、「あなたが乗ってください」と誘うのですが、誰も「私が乗ります」と言う人はいません。背負って向こうに行けると、みんな思っているんです。でも「あなたが乗ってくれ」と言われたら、「いや、私は……」とためらってしまう。そこでチャールズは、いちばん前に立っていた男の人にこう尋ねました。

“Do you believe me?”（あなたは私が背負って向こうに行けると信じますか？）

彼は“Yes”と答えました。チャールズは次のように問い返しました。

“Do you trust me?”（私を信頼しますか？）

Believe《ビリーブ》とは頭で理解し、同意すること。Trust《トラスト》とは信頼すること。そこには決断と行動が伴います。観衆はチャールズが誰かを背負ったまま綱を渡っていくことができると頭では理解していました。しかし彼を本当に信頼して、彼の背中に乗るかといえば、みんなたじろいだ。しかし彼が指差した男の人は"Yes, I trust you"と答えたのです。

やがてチャールズは彼を背負って歩き出しました。彼はハリー・コルコードというチャールズのマネージャーであったのです。チャールズはハリーを背負って、三〇〇メートルのロープの上をカナダに向かって戻りはじめました。

最初は順調でした。しかし、あと三分の一でカナダ側に着くといった時に、ロープがいきなり揺れはじめました。一人の酔っぱらいがロープの両端にある支え綱の一本をナイフで切ってしまい、バランスが崩れてロープが変な揺れ方をしはじめたのです。

チャールズの足が止まりました。そこで、背負っているハリーに、「すまないが、一度降りてくれないか」と言ったのです。ハリーはロープの上に恐る恐る降りて、彼もまた足を縦にしてロープの上に立ったのです。そこで二人でたたずんで、揺れが収まるのを待ちました。

チャールズは彼に言いました。「ハリー、すまないけど、もう一度私の背中に乗ってくれないか」。ハリーは慎重にチャールズの背中に乗りました。

「いいかいハリー、今から君はもうハリー・コルコードではない。君はチャールズ・ブロディンだ。僕が右に傾いたら決してバランスを取ろうと左に傾かないで、君も右に傾いてくれ。僕が左に傾いたら左だ。君と僕は一つだよ」

「わかった。君の言う通りにするよ」

チャールズは静かに歩き出しました。ハリーは彼を信頼し、彼にすべてを任せました。チャールズはそのロープの上を走るようにして見事に渡りきり、カナダ側に無事にたどり着いたのです。

悔い改めとは方向転換

イエス・キリストは、死と悲しみ、嘆きと労苦の世界から、それらがまったくない新しい世界へ連れて行くことのできる唯一の方であるということを、聖書は語っています。しかし問題は、理解することだけではなく、信頼して任せることができるかどうかなのです。イエス・キリストは十字架の上で、「わたしがあなたを永遠の御国へ連れて行く。わたしを信じてほしい」と訴えられました。このキリストを信頼できるか。それが私たちにとっての大きな課題です。そこに信仰が求められるわけです。

キリストの弟子であるヨハネがこう書きました。

「御子と結ばれている人にはこの命があり、神の子と結ばれていない人にはこの命がありません」（ヨハネの手紙一・五章一二節）。

永遠の命への道はイエス・キリストだけです。あのハリー・コルコードとチャールズ・ブロディンが一つになった時に彼らに確かな命が約束されたように、私たちもこのイエス・キリストと結ばれて一つになった時に、永遠の命を持つのです。もし結ばれていなければ、残念ながら永遠の命を持つことができないのです。

イエス・キリストが再び来ると聖書に約束されて、二千年が過ぎました。その間、どうして来ないんだ、どうして遅れているんだという問題はずっとあるわけです。ところが、弟子のペトロは、ペトロの手紙二・三章九節にこう書きました。

「ある人たちは、遅いと考えているようですが、主は約束の実現を遅らせておられるのではありません。そうではなく、一人も滅びないで皆が悔い改めるようにと、あなたがたのために忍耐しておられるのです」

悔い改めとは、方向転換です。神に背を向け、イエス・キリストに背を向け、天国に背を向けている者が方向を変えて、神の方を向き、イエス・キリストの方を向き、神の御国である天国へ方向を変えて、そこに戻ってくるようにと、忍耐しておられるのです。

赦免状を受け取らなかった青年の最期

一八八〇年代のアメリカの西部に、皆から愛されている一人の青年がいました。ある日、彼は友だちとトランプ遊びに興じていました。初めこそ楽しんでいましたが、その日は負けが込んで血が頭に上り、負けが決定的になった時に思わずピストルを抜いて、目の前の勝った友人を撃ち殺してしまったのです。彼はすぐに捕まって裁判が開かれ、死刑の判決が下りました。

ところが彼の家族や友人たちは、この青年が普段からあんなことをするとは考えられない、まさに魔が差したとしか言いようがない、この突発的な出来事で死刑になっていくのは本当に忍びないとして、署名運動が始まったのです。町中の人も、隣町や隣村の人もサインしてくれ、州の知事室に青年の延命を願う嘆願書が積み上げられたのです。その一つひとつが青年を愛する切々とした言葉で綴られていました。

州知事は涙を流して、なんとかこの青年を助けたいと思いました。そこで、その権限によって、この青年を特別に赦《ゆる》すという赦免状を書きました。そして、この赦免状を自分の手で青年に渡したいと思ったのです。牧師出身の彼は、牧師だとわかる服装でその赦免状を手に、獄にいる青年を訪ねたのです。そして獄の外から青年に声をかけました。

「私に少しだけ時間をくれないか?」

ところが、その州知事を一瞥《いちべつ》した青年は、「あんたは牧師か?」と聞いたのです。

「そうだ。私は牧師だ」

「じゃあ、用はない。帰ってくれ」

「とっても良いニュースを持ってきたから、少しだけでいいから私の話を聞いてくれ」

「今まで六人もの牧師が、良いニュースがあると言ってきた。でも、ろくな話じゃなかった。帰ってくれ」

州知事はなんとかしてその赦免状を渡し、青年を生かしたいと思ったので、一生懸命に説得しました。しかし青年は頑として動きません。そして最後にこう言ったのです。

「もういい加減にしてくれ。帰ってくれ。お前の顔なんか見たくないんだよ！」

「本当にいいんだね？　帰っていいんだね？」

「かまわないからもう行ってくれ」

がっかりして州知事は帰っていきました。州知事と入れ替わり、看守長がやってきました。

「君、今の人、誰だかわかっているだろうな」

「牧師だろう？」

「そうだ。彼は牧師だ。でも、彼は州知事だよ」

この言葉を聞いた瞬間、青年はびっくりし、顔が青ざめました。

「州知事が何のために？」

「彼は、君を赦そうと思って来たんだよ」

その青年は、自分が取り返しのつかないことをやってしまったと思い、看守長に紙とペンを頼みました。そして州知事に、「今日の僕の無礼を赦してください。どうか僕にもう一度チャンスをください」と手紙を出したのです。しかし、州知事はその手紙を受け取ると、その手紙に斜めに赤いラインを引き、「もはやこの件に関心なし」と書きました。

やがて死刑執行の日がやってきました。「最期に何か言っておきたいことはないか？」と問われた時、青年は次のように言い残して死んでいきました。「僕は、友だちを殺したから死刑になるのではありません。州知事はその罪をすでに赦してくれたのです。その赦しを受け取らなかったから、僕は死刑になるんです。このことをアメリカ中の青年に伝えてください」

救い主は今も待っておられる

もし私たちが、神様の用意されている永遠の御国に行くことができないとするならば、それは私たちの犯してきた罪のためではないのです。それらはすべて、イエス・キリストの十字架によって完全に清算され、赦されたのです。そのイエス・キリストの赦しを受けることをせず、イエス・キリストに信頼しなかったがゆえに天国に行けないのです。

今、神様は、私たちが一人も滅びないで、イエス・キリストを信じ、天国を望んでほしいと待っておられます。イエス・キリストは、再び必ずこの地上に帰ってきます。その日までに、私たちはしっかりとイエス・キリストを信じる者になりたいと思います。そして、永遠の御国で神様を礼拝できたらと思うのです。決断するのは今日なのです。

聖書が語る幸福論

——山上の説教

心の貧しい人々は、幸いである、
　天の国はその人たちのものである。
悲しむ人々は、幸いである、
　その人たちは慰められる。
柔和な人々は、幸いである、
　その人たちは地を受け継ぐ。
義に飢え渇く人々は、幸いである、
　その人たちは満たされる。

憐れみ深い人々は、幸いである、
　その人たちは憐れみを受ける。

心の清い人々は、幸いである、
　その人たちは神を見る。

平和を実現する人々は、幸いである、
　その人たちは神の子と呼ばれる。

義のために迫害される人々は、幸いである、
　天の国はその人たちのものである。

マタイによる福音書五章三～一〇節

貧しい人の幸せ

　ガリラヤ湖を見下ろす山上でのことでした。大勢の群衆を前に、イエスは不思議な、しかし深い真実を語ります。「山上の説教」と呼ばれる教えです。「心の貧しい人々は、幸いである」と、イエスは静かに語り始められました。

　ここで語られる「心」とは、聖書の他のところではむしろ「霊」と訳されています。つまり、神との関係において貧しさを感じている人、自覚している人は幸せだというのです。しかも、この「貧しさ」はちょっとやそっとの貧しさではありません。極貧です。謙遜などというきれい事を超えた貧しさです。ごまかしのきかない徹底的な窮乏です。神を信じることのできない、神が生きておられると認めることも危うい、祈ることさえできない悲しいまでの貧しさです。驚くべき言葉でした。ユダヤ人にとって、神を信じることのできない生活、祈ることのできない生活など論外だったからです。

　なぜイエスは、そのような霊的生活の貧しさにあえぐ人々は幸せだと言われたのでしょうか。実は、この貧しさこそ人間の存在のまぎれもない現実だからです。人間は、誰も、生まれたままでは神を信じることのできない存在なのです。霊的貧しさのどん底に生まれてくるのです。そして、信仰を持ち、

「心の貧しい人々は、幸いである、
天の国はその人たちのものである」

神を信じる者になってもなお、その究極の貧しさは解消されないのです。むしろ、真実であればあるほど自らの不信仰、霊的貧しさにおののくのです。そのような貧しい者を、すべてを御存じの上で、なお、否、それだからこそ、無限の豊かさを持つ神は丸抱えで受け入れ、愛し、肯定してくださるのです。そして、共にいてくださるのです。神が共にいてくださるところ、そこはまさに神の国、天の国なのです。

神などいるものか。神を信じることなど到底できない。そう思うとき、まさに霊的極貧に打ち砕かれるときにこそ、神はあなたのそば近くに来てくださるのです。父なる神は、あなたのそばに必ず寄り添ってくださいます。

悲しむ人の幸せ

悲しんでいる人に向かって、「あなたは幸せだ」などと、一体誰が言うことができるでしょうか。

旧約聖書の詩編五六編二節と九節に、こんな言葉が記されています。「神よ、わたしを憐れんでください。……あなたはわたしの嘆きを数えられたはずです。……あなたの革袋にわたしの涙を蓄えてください」。詩編記者のダビデにとっての神は、彼の悲しみのすべてを飲み干してくださる神だったのです。「涙は神がおわかりになる言葉です」というゴードン・ジェンソンの詩があります。

なぜ涙が出てくるのか、不思議に思いました。
物事は、あてにしていたような結果にはなりませんでした。
しかし神はそばにお立ちくださり、落ちる涙を御覧になっています。
涙は神がおわかりになる言葉です。
神はうちひしがれた魂の涙を御覧になっています。
神はあなたの涙を御覧になり、その落ちる涙の音を聞いておられます。

「悲しむ人々は、幸いである、その人たちは慰められる」

神は人と一緒に泣いてくださり、手を取ってくださいます。
涙は神がおわかりになる言葉です。
悲しみがあなたを惨めにするとき、涙を流させるのです。
その重荷にとうてい耐えきれないように思うでしょう。
しかし、神はあなたをお忘れではありません。神の約束は変わりません。
涙は神がおわかりになる言葉です。

天地万物を創られ、すべてを御支配される神は、私たちの涙のわけを御存じです。そして、私たちが涙を流すとき、私たちのそばに来てくださいます。これほどの慰めがあるでしょうか。悲しみのとき、私たちは神のみ手に触れ、新しい力を得て立ち上がることができるのです。

柔和な人の幸せ

競争社会にあって、勝ち抜くこと、論争に負けないこと、勝利者として自己実現をすること、人々の上に立つことなどが、人生における幸福と成功の条件のように考えられています。しかし、イエスは言われます。「柔和な人々は幸いである、その人たちは地を受け継ぐ」と。

聖書で言う「柔和」とは、どのような状況にあっても、力づくで道を切り開き解決しようと力もうとしないことです。余裕を失うような逆境の中でも、静かにじっと時を待つ平和な心です。必死の自己保身から解放された自由な心です。どのような相手に対しても、謙虚さと優しさに生きるやわらかな心のことです。それは、四面楚歌《しめんそか》の中でもなお、愛と正義の神の介入を穏やかに待つことです。神にすべてをゆだねることです。そして、勝つのではなく真実を求めることです。

イエスは「柔和な王」と呼ばれました。彼は、力づくで人々を説得しませんでした。あくまでもやさしく、静かに語りかけられました。反対者からののしられてもののしり返さず、たたかれてもたたき返すことをせず、彼らの救いのためにただ祈り続けられました。父なる神に一切をゆだねておられたからです。すべてを御存じの神を待ち望んでいたからです。彼の周囲は嵐のように荒れていても、彼の心の中は静かでした。平和が満ちあふれていました。

「柔和」は私たちの心の広さ、度量の大きさの問題ではありません。実に、愛と正義の神に一切をゆだね、神の介入を静かに待ち望む、という信仰の問題なのです。神にゆだねる者、神を待ち望む者は幸せです。そのような人は、神に祝福され、尊重され、用いられるからです。柔和な人たちこそが「地を受け継ぐ」のです。共にこの地を治め、受け継ぐに値する者だと、神に認められるのです。

思い通りにいかない逆境の中にあっても、怒り、憤ることなく静かな心を持ち、誰に対しても本当のやさしさを持つ者を、共に同伴される神は豊かに祝福してくださいます。

「柔和な人々は、幸いである、その人たちは地を受け継ぐ」

義に飢え渇く人の幸せ

イエスが「義に飢え渇く」と言ったとき、それは社会正義を超えた個人の内なる義を強く意味しておりました。社会正義は大切です。しかし社会正義を求める正義感は、ときに義憤を生み、ゆがんだ独善性や自己満足へと変質していきます。重要な問題は、各人の内なる義なのです。

聖書において「義」は神に似ること、すなわち愛に生きることを示します。私たちは日々の生活の中で、自分の中にいかに「愛」が乏しいかを実感し、愕然《がくぜん》とすることがあります。見知らぬ人が困っているのを見ても、見て見ぬふりをする。部下や同僚の失敗を嘲笑《あざわら》う。家族に冷たい言葉をぶつける。

恐ろしいのは、すべてが何気ないことなのです。日常なのです。しかしあるとき、誰かを傷つけてしまったことに痛みを覚えるのです。深い悲しみを覚えるのです。自分の冷淡さに気づきます。そして、愛の心が欲しいと、心底願うのです。飢え渇くように、愛の心を、義を求め始めるのです。

イエスは、そのように「義に飢え渇く人々は幸いである」と言われました。自分の内の愛のなさを嘆き、愛の心を飢え渇くように求める人は幸せだ、と言われました。健康な人間には、自然な渇きや空腹感があります。同様に、健康な心には、愛に対する不足感が宿るのです。ですから、その不足感を覚える健康な心の持ち主は幸せです。人間としての深い必要を知っているからです。

しかも、その愛は、その義は、神の品性であるがゆえに神からのみ与えられるのです。神は、神に求める者に、その愛の心を無償で与えてくださいます。求める者は必ず与えられ、満たされるのです。イエスの父なる神は、あくまでも愛の神だからです。

「義に飢え渇く人々は、幸いである、その人たちは満たされる」

憐れみ深い人の幸せ

「憐れみ」というのは、共感、同情です。苦しむ者と共に苦しみ、悲しむ者と共に悲しみ、泣く者と共に泣くことです。しかも、これは私たちのかかわる生身の隣人に対する心情です。小説の中の悲劇の主人公、映画の中の薄幸のヒロインに涙することではありません。バーチャルな世界に入り込んでそこで共感し、あるいは同情することは、さほど難しくはありません。そこで涙する自分を見て、自分は優しい、愛の人だと思うのはいささか早計です。

イエスが言われる「憐れみ深い人」とは、あくまでも生身の隣人に対する態度なのです。思いやりを持ってかけた優しい言葉が、ときには感謝されずに無視されることがあります。あるいは、勇気を持って差し出した小さな親切の手が、大きなお世話だとはねのけられることもあります。かかわれば傷つくかもしれない、その危うさの潜《ひそ》む生身の人間関係の中での「憐れみ」なのです。

そんな人間関係の中で、それでも「憐れみ深い人は幸せだ」とイエスは言われるのです。憐れみ深い人は、神の心を生きているからです。神は御自身を「憐れみ深く恵みに富む神、忍耐強く、慈しみとまことに満ち」と宣言されたと、旧約聖書の出エジプト記三四章六節にあります。神が共にいてくださらなければ、神が内にいてくださらなければ、人は誰も憐れみ深くあることはできないのです。生身の隣人に無垢《むく》の優しさを持って接することはできないのです。

神の憐れみに包み込まれた者だけが、隣人に対して憐れみ深くあることができます。そして、隣人に対して憐れみ深くある者は、さらに神より憐れみを受けるのです。

「憐れみ深い人々は、幸いである、その人たちは憐れみを受ける」

心の清い人の幸せ

「心の清い人」と聞くだけで、このイエスの言葉が何か自分と縁遠い話のように思われるかもしれません。しかし、イエスの言う「心の清い人」とは、それは生活や経験が純粋無垢《むく》であることを意味しているわけではありません。それはむしろその人の行動の動機においての単純さ、真面目さを意味します。心の態度です。清い心とは、裏表のない心、邪心のない心なのです。それは、ときに「愚か」とさげすまれるような愚直な心です。「幼稚」だと軽蔑《けいべつ》されるかもしれない打算のない心です。イエスは、そのように「心の清い人は幸せだ」と言われるのです。

人々の心は、物質主義、成功主義に支配されています。他の人を蹴《け》落としてまで、のし上がろうとする邪念が渦巻いています。自分の幸せのみを追求するエゴイズムが氾濫《はんらん》しています。狡猾《こうかつ》さが賢さの証明であるかのように思われています。大人になるとは、世渡りの術を身につけることだと考えられています。

その真っただなかで、イエスはあえて言われるのです。「真実で純粋な心の清い人々は、幸いである」と。「正直者は馬鹿を見る」といわれる時代の中で、それでも「馬鹿正直に生きる者は幸せだ」と言われるのです。なぜでしょうか。「その人たちは神を見る」からです。神は、いつも私たちを見つめておられます。その視線を感じたときに、私たちが振り向いて神と視線を合わせられるか否か、それが問題なのです。悪いことをした子どもは、親の目を逃れて隠れます。親の視線を恐れるからです。そのようなとき、子どもは決して幸せではありません。

神の御前に堂々と生きることのできる人、神の視線にほほ笑み返すことのできる人は幸せです。かけがえのない神との無上の平和がそこにはあります。ですから、「心にやましさのない人、心の純な清い人は本当に幸せだ」とイエスは言われたのです。

「心の清い人々は、幸いである、その人たちは神を見る」

平和を実現する人の幸せ

イエスは、「平和を実現する人、平和をつくり出す人は幸せだ」と言われます。幸せなのは、「平和を愛する人」でも「平和を楽しむ人」でもありません。また「争いを好まぬ人は幸せだ」でもないのです。むしろ、平和のないところにその身を置きながら、「平和を生み出す人は幸せだ」と言うのです。争いがある、息詰まるような緊張がある、その現実の中で「平和を実現する人は幸せだ」というのです。

考えてみれば、この世界に本当に平和なところなどないのかもしれません。戦争がない、暴力がない、それだけでは本当の平和とは言えません。人間関係の相克の痛みがあったり、疎外感の悩みがあったり、優越感、劣等感の心の葛藤《かっとう》があったり、病苦の涙があったり、別れの悲哀があったり、そのようなところはすでに平和ではないのです。人が生き生きと伸びやかに生きることができないところは、決して平和ではないのです。人が傷つくところは平和ではないのです。

イエスは、そのようなところに身を置きながら、平和を実現する人は幸せだ、と言われたのです。戦争に反対することは大切なことです。暴力に抵抗することも大切です。しかしさらに、ぎくしゃくした人間関係の淀《よど》みの中に新風をもたらすこと、劣等感に沈む人の笑顔を呼び覚ますこと、悲しみに打ちひしがれる人に勇気を与えることのできる人は幸せなのです。

なぜなら、彼自身、すでに内なる平和を持っているからです。内なる平和を持たない人が、人々の間に、また人々の内に平和をもたらすことはできません。イエスは「平和の君」と呼ばれました。彼自身、完全な平和を持っておられました。そして、その平和を分け与えるために、二千年前、この地上に来てくださったのです。

「平和を実現する人々は、幸いである、その人たちは神の子と呼ばれる」

迫害される人の幸せ

「義のために迫害される人は幸せだ」とイエスは言われます。迫害されて、一体誰が幸せなのでしょうか。仲間はずれにされることも、無視されることも、いじめられることも、誰だって好きではありません。ですから、ときに私たちは妥協します。見て見ぬふりをします。長いものには巻かれます。どんなにそうしてはならないとわかっていても、それが周囲の者たちと同じならば、そうしてしまうのです。赤信号もみんなで渡れば怖くないし、渡らなければ取り残されたようで、居心地が悪いのです。どんなに人の悪口を言ってはいけないとわかっていても、同意を求められれば、思わずうなずいてしまいます。

自分がいじめられるのが嫌だから、人をいじめる輪に入っていく。自分が変わり者と見られるのが嫌だから、周りと同じことをする。話のわからない堅物と思われたくないから、悪ぶって見せる。でも、そんな自分に情けなさを覚えることもしばしばです。どうしてもっと自分に正直に、真実に強く生きることができないのだろうかと思います。

しかし、ときに毅然《きぜん》と真実に立つ人がいます。周りに流されることなく、主義を貫く人がいます。右往左往することなく、自ら信じる道をまっすぐに静かに歩み続ける人がいます。少々の抵抗に恥じ入ることもいじけることもなくさわやかに立つ人を見るときに、私たちはある種の感動を覚えます。できるものなら、そのような生き方をしてみたいと願います。真実のために迫害されようと、静かにその信念を貫く人を見るとき、幸せな人だと評価するのです。

「義のために迫害される人」に自己卑下《ひげ》の思いはありません。しかも、その義が神の義を根拠とした義であるならば、幸せそのものです。神の意思を生きているという、謙虚であっても崇高な誇りを持つことができるからです。

「義のために迫害される人々は、幸いである、天の国はその人たちのものである」

祈ることを教えてください

——主の祈り

だから、こう祈りなさい。
「天におられるわたしたちの父よ、
御名《みな》が崇《あが》められますように。
御国が来ますように。
御心が行われますように、
天におけるように地の上にも。
わたしたちに必要な糧《かて》を今日与えてください。
わたしたちの負い目を赦《ゆる》してください、
わたしたちも自分に負い目のある人を赦しましたように。
わたしたちを誘惑に遭《あ》わせず、
悪い者から救ってください」

マタイによる福音書六章九〜一三節

イエスの力の秘訣が「祈り」にあることを弟子たちは感じ始めておりました。イエスは、一人でよく祈っておりました。夜通し祈られることもしばしばでした。

そこで、弟子の一人がイエスに乞うたのです。「先生、私たちに祈りを教えてください」と。

弟子たちはユダヤ人でしたから、祈る習慣を持っていました。少なくとも、毎日三回以上祈っていました。しかし、彼らの祈りは、彼らの力とはなっていなかったのです。一体どのように祈ればよいのでしょうか。

その弟子の求めに応じて、イエスは祈りの言葉を教えられました。「主の祈り」と呼ばれる祈りでした。

まず「天におられるわたしたちの父よ」と呼びかけます。天にあってすべてを支配しておられるのは私たちの父です。父には「アバ」というアラム語、小さな子どもが父親を呼ぶときの日常的な信頼と親しみを込めた言葉が使われます。今なら「パパ」とか「お父ちゃん」という言葉でしょうか。天におられる宇宙の支配者を「お父ちゃん」と呼ぶことが許されているのです。イ

御《み》名《な》が崇《あが》められますように

エス・キリストが私たちとともにこの祈りを祈ってくださるからです。父は「わたしたちの父」、つまりイエスと私たちの信頼できる優しい父なのです。そして、この祈りは共同体の祈りでもあります。

「御名が崇められますように」とは、神の御名が聖なるものとされますようにという意味の祈りです。この祈りを捧げる者が、神の意思にかなう生き方をすることによって、人々が天の神を賛美し崇めることができますように、ということです。天の父に信頼し、天の父の御手の中で生きる者が、その父の愛と真実を人々に伝えるチャンネルになれるようにとの祈りです。

天地万物を創られ、すべてを支配しておられる神は、今日も私たち一人ひとりにとって、信頼に足る優しい父親なのです。

イエスの教えられた「主の祈り」の二つ目の祈りの言葉は「御国が来ますように」でした。御国とは、「天国」「神の国」とも呼ばれ、地理的な領土のことではありません。それはむしろ神の愛と恵みの統治、支配のことです。つまり、この祈りは「神の愛と恵みが、今ここですべてを支配してくださいますように」という祈りなのです。

私たちの人生は、いつも幸福なものであるとは限りません。ときに不幸とも悲惨とも思えるようになることもあるのです。私たちの事業や仕事は、いつも順風満帆《まんぱん》であることが保証されてはいません。ときに失敗や挫折《ざせつ》に涙することもあるのです。私たちの生活はいつも豊かであるわけではありません。赤貧の辛酸をなめるようなこともあるのです。私たちの体はいつも健康であるとは限りません。思いがけない病気や事故に倒れることもあるのです。私たちの人間関係はいつも円満というわけにはいきません。ときに対立や憎しみの荒波の中に立ちつくさなければならないときがあるのです。

人間は有限な存在ですから、愛する者との別れのときはいつかやってきます。寂しさの極限を味わうこともあるのです。そのようなとき、神の愛など信じられなくなるのです。神の恵みが疑わしくなることがあるのです。

イエスは、「御国が来ますように」と祈るように教えられました。「神の国は……聖霊によって与えられる義と平和と喜びなのです」と、この「主の祈り」を祈り続けたであろう使徒パウロは言います（ローマの信徒への手紙一四章一七節）。

イエスは、順境のときであろうと、逆境のときであろうと、「ただ神の愛と恵みとが今ここですべてを支配してください」と祈るように教えられました。逆境のときであってもなお、神の愛と恵みが私たちの心を支配するとき、私たちの内には神の真実を疑わない正しさと平和と喜びが宿るのです。神は私たちの状況にかかわらず、私たちを絶対的な愛をもって愛してくださっておられます。簡単には信じられなくても、これは事実です。神は永遠に愛の神です。私たちの父なる愛の神なのです。

御国が来ますように

イエスは、天においてはすべてにわたって神の御心が行われているように、地においても神の御心が行われるように祈りなさい、と言われました。しかも、私たちを通して神の御心が行われるように祈るようにと言われたのです。

中国に一人のクリスチャンの農夫がおりました。田植えの季節になり、彼は山の中腹にある田んぼに水を張り始めたのです。谷川から水を汲《く》んで、朝から晩まで一生懸命に働きました。何日もかかる仕事です。

翌朝、田んぼに行くと、昨日入れたはずの水がなくなっていました。よく見ると、すぐ下の隣の人の田んぼに水が入っていたのです。彼は壊れた畔《あぜ》を直すと、その日も黙々と働きました。

翌朝、再び田んぼに行ってみると、果たして昨日と同じように畔は壊され、水はまた下の田んぼに流されていました。隣の人の仕業であることは明らかでした。その日も彼は畔を直し、すべての仕事を一からやり直したのです。谷川から水を汲んで、何度も山を上り下りしたのです。その晩、彼は教会の祈りの会に出席しました。そして、友人にここ数日の出来事を語ったのです。

「クリスチャンとして自分は隣の人に復讐《ふくしゅう》しようとは思わない。しかし、一体どうすればいいのだろう」

「我々クリスチャンは、ただ正しいことを求めているとすれば、それでは不十分だ。神の御心を行うことを祈り求めるべきだ」

友人からの助言を受け、彼は家に帰ってからも祈り続けました。翌朝、彼は、まず隣の人の田んぼから水を満たし始めたのです。隣の人の田んぼに充分な水を入れて、それからまた何日もかけて、自分の田んぼに水を入れました。

ある日、隣の人が訪ねてきて、涙ながらに言いました。

「どうか、私を赦《ゆる》してください。一体どうしたら、あなたのような生き方ができるのでしょうか」

やがて、隣の人も教会に通い始め、神の御心を求めて生きようと決意したのです。

御心が行われますように

イエスは、「わたしたちに必要な糧を今日与えてください」と祈るように言われました。天の父は、私たちの日常の生活に深い関心を持っておられる愛の神です。貧しい者の生活不安をよく御存じです。その神に、今日の必要を祈り求めよ、とイエスは言われたのです。

先のことまで心配する必要はありません。明日のことは明日、思い悩めばいいのです。その日の苦労はその日だけで十分だ、というのがイエスの教えでもありました。かつて、エジプトを脱出したイスラエル人は、何もない荒野で神が毎日与えてくださるマナによって養われた経験がありました。神は、信じる者を決して見放されないのです。

しかも、この祈りは「私たち」によって祈られるのです。私たちだけ助かればいいのではないのです。私だけ飢えをしのげればいいのではないのです。この祈りは、私たちのすべてがあなたの愛によって守られますように、という共同体の愛の祈りなのです。みんなで生きていこう、みんなで幸せになろうという祈りなのです。

この「糧」という言葉は、古くからさまざまな解釈が与えられてきた言葉でもあります。糧とは、肉体の糧というより、むしろ霊的な糧、神のみ言葉を表しているというのが第一の解釈です。

第二は、この糧は「命のパン」であるイエス御自身を表しているという解釈です。イエスによって力強く今日を生きていく祈りだというのです。

第三は、この糧は天国での食事を表すものだという解釈です。つまり、天国の晩餐《ばんさん》会に出席が許されるような信仰と生活を今日も維持できますように、という祈りだというのです。それも可能な解釈ですから、すべてをひっくるめて祈っていいのです。

確かなことは、天の父は私たち一人ひとりのすべての必要に、今日も深い関心を持たれているという事実です。

必要な糧《かて》を今日も

人間は、本来は神に祈ることなどできない存在なのです。地の闇の中に住む罪に汚れた者が、天の光の中に住む聖なる神に声をかけ、交わりを求めるなど、あり得ない話なのです。

しかしイエスは、御自身が共に祈ってくださることによって祈りの道を開いてくださいました。イエスによって私たちの神に対する負い目、罪が赦されたからです。そして、その罪の赦しは、私たちが隣人の負い目、罪を私たちが赦すとき、私たちの内にとどまるのです。

赦しの流れは、神から私たちへ、私たちから隣人へと向かいます。もし私たちが隣人への赦しの流れを止めてしまえば、神から私たちへの赦しの流れも止まります。赦されている限り、赦すことができます。赦し続ける限り、赦され続けるのです。しかし、人間にとって人を赦すということは簡単ではありません。受けた侮辱《ぶじょく》、浴びせられた罵倒《ばとう》、流された誹謗《ひぼう》中傷、負わされた心の傷は、そう簡単には赦せません。

敬虔《けいけん》なクリスチャンであったオランダ人女性、コーリー・テン・ブームは、ユダヤ人をかくまったためにナチスに捕らえられ、父と姉とともに収容所に

罪の赦《ゆる》し

送られました。そこで、ひどい辱《はずかし》めと虐待とを受け、父と姉とを失います。終戦後、解放された彼女は、赦しのメッセージを語るためにドイツに行きます。集会後、一人の男性が彼女に近寄り、あなたからの赦しの言葉が欲しいと手を差し出します。忘れもしない、彼女たちの収容所にいた最も残忍な看守でした。

彼女の体は硬直して動きません。彼女は祈りました。「助けてください。私の感情は彼を赦せませんが、手を差し出すことができます。感情は、主よ、あなたが備えてください」。彼女がぎこちなく手を差し出したとき、激しい感情のうねりとともに、赦しの言葉が口をついて出てきました。「兄弟、あなたを赦します」

赦しは、感情の問題ではありません。それは、意志と選びの問題なのです。

イエスがここで言っている誘惑とは、神への背きの誘惑であるといわれています。神の存在、神の愛、神の力、神を神とすることを否定する誘惑のことだというのです。悪い者とは、悪魔とかサタンとか呼ばれる神の敵のことですが、この悪しき者は、しばしば私たちを神から遠ざけ、神を忘れさせます。神との間に立ちはだかって、神を隠します。神に背を向け、反逆させます。

そのようなとき、悲しいことですが、私たちは神の心に背くのです。神なき世界をさまよい始め、自分自身を神として生きるようになるのです。自分自身を神として生きること、これこそ神への究極の背きであり、聖書はこれを罪と呼びます。罪とは神との関係の破壊です。神との関係が破れると、心からは平和が消え、不安と空しさに襲われるようになります。そのようなことにならないように祈れ、とイエスは言われたのです。

誘惑はいつも、いきなり大きなものとして私たちの前に現れることはありません。多くの場合、小さな姿をとって現れます。「こんな小さなことくらいかまわない」という言い訳を私たちに与えるためです。

また誘惑は、めったにないことという顔をして現れます。「一回くらいならかまわない」という言い訳を与えるためです。

誘惑は、たくさんの人を通して現れます。「みんなやっていることだから」という言い訳を与えるためです。そして、その誘惑に屈し続けていくうちに、それは何でもない当たり前のこととなり、良心の呵責《かしゃく》も罪意識も消えて、自覚のないままに自分を神として生きていくようになります。しかし、心には平和や落ち着きはなく、不安や空しさがあふれているのです。

イエスは、神に背き、神から離れた人間の命がどんなに哀しく切ないものであるか、よく御存じでした。ですから、悪魔の誘惑に負けて神に背くことのないように祈りなさい、と言われたのです。人間の幸せは、神とともに神の内に生きるときにのみ、生まれるものだからです。

誘惑からの守り

あとがき

忘れられない言葉、心に刻み込まれた言葉があります。「悲愛《ひあい》」という言葉もその一つです。若い日に読んだ『日本とイエスの顔』（北洋社／現日本基督教団出版局）の中で、著者の井上洋治神父が神の愛をあらわすギリシャ語「アガペー」を「悲愛」と訳していたのです。

イエスが生きたアガペーの愛は、価値のない者、みじめな者、苦しむ者に対して思いやりの手を差し伸べる愛でした。もし「悲」という字が、本来は人間の苦に対する呻《うめ》きを意味し、共に苦しむ思いやりを意味するのであれば、アガペーは悲愛とでも訳すのがいちばんふさわしい、と記されていたのです。以来、私の中でイエス・キリストは「悲愛の人」となりました。

イエス・キリストの物語は、悩みと涙の生活に苦しむ者たちの心に愛の光を放つ物語です。確かに、イエス・キリストの登場によって、「暗闇に住む民は大きな光を見、死の陰の地に住む者に光が射し込んだ」のです（マタイによる福音書四章一六節）。二千年前、永遠の神がこの罪と死の世界に有限の人間として生まれ、あのパレスチナの地で、悲愛をもって小さな人間に寄り添い、共に泣き、笑ってくださった。そのイエス・キリストが今日も私たちと共にいてくださいます。そしてその愛した人間に追われて、しかしその人間の救いのために死んでくださったキリストの十字架は、私たちに対する悲愛の頂点なのです。復活されたイエス・キリストが、やがて再臨されるという約束は、二十一世紀に生きる私たちにとっても究極の希望です。

この講演集は、かつて福井県福井市の小さな教会で、「イエス・キリストを知っていますか?」とのテーマで講演したものをビデオテープから起こしたものです。イエス・キリストの悲愛によって救われた教会員たちが、その愛を福井に住む多くの人にも伝えたいと願って開かれた講演会でした。韓国からの若き宣教師、高基林《コキリム》牧師が先頭に立って、この講演会のために奉仕しておられた姿が懐かしく思い起こされます。

また「山上の説教」「主の祈り」は、ラジオ牧師として語ったショートメッセージの原稿です。マイクに向かって語り続けた声としての言葉が、このように活字となって読まれることになるとは、何とも不思議な感覚です。テープ起こしや校閲にご尽力くださった方々に心から感謝いたします。

悲愛の主に栄光が帰されますように。

［初出一覧］

第1話〜第6話

二〇〇四年にセブンスデー・アドベンチスト教団福井キリスト集会所で行われた講演会の録音を元にテープ起こしをし、加筆修正しました。

「聖書が語る幸福論」「祈ることを教えてください」

聖書の教えに基づいた幸せな生き方の秘けつをお届けする3分間のメッセージ、「光とともに」の放送原稿を元に加筆修正しました。

「光とともに」（3分間のショートメッセージ番組）

キリストの教えから、また健康・教育・福祉などの観点から、幸せな生き方の秘けつをお届けしています。スマホ、パソコン、ポッドキャストでもお聞きになれます。**http://www.radionikkei.jp/hikari/**

島田真澄●しまだますみ

1953年、神奈川県に生まれる。国際基督教大学、三育学院カレッジ神学科、極東神学院各卒。セブンスデー・アドベンチスト教団世田谷教会牧師、広島三育学院高校宗教主任、米国カリフォルニア州ロマリンダ日本人教会牧師、函館教会牧師、東日本教区長、教団伝道局長、アドベンチストワールドラジオ牧師、西日本教区長、広島三育学院院長などを経て、現在、セブンスデー・アドベンチスト教団総理、福音社代表。

講演集・悲愛の人

2015年2月20日 初版第1刷 発行
2020年2月10日 初版第3刷 発行

［著者］ 島田真澄

［発行者］ 島田真澄

［発行所］ 福音社
〒190-0011 東京都立川市高松町3-21-4 ハイブリッジ立川202
042-526-7342（電話） 042-526-6066（Fax）

［発売所］ 三育協会
〒190-0011 東京都立川市高松町3-21-8
042-526-6220（電話） 042-526-6301（Fax）

［印刷所］ （株）平河工業社

聖書からの引用は、日本聖書協会発行『聖書 新共同訳』を使用しています。

ご愛顧くださいましてありがとうございます。当社出版物は直販制ですので、書店には出しておりません。お問い合わせ、ご用命、出版目録のご請求などは、直接発売所へお申し込みいただきたく存じます。

 Printed in Japan ISBN 978-4-89222-456-0

悲愛の人、
イエス・キリストのご生涯を深く学びたい方に

各時代の希望 上 中 下 文庫判

イエス・キリストの生涯

エレン・G・ホワイト著／文庫判
上巻 496 ページ、中巻 512 ページ、下巻 504 ページ

3冊セット **3,000円＋税**

※ご注文は 3 冊セット販売のみとなります。

エレン・G・ホワイト著
渡辺清美訳　福音社編集部編
四六判並製／ 296 ページ
定価 1,800 円＋税

救い主なるイエス・キリストの物語

メサイア

「メサイア」とは「救い主」という意味です。
本書はイエス・キリストの生涯の珠玉のエピソードを厳選してまとめたものです。現代語で読み進められるので非常にわかりやすく、登場人物のこころの動きまでが、読者にドラマチックに伝わってくるほどです。

イエスの生涯を 1 冊の本として読むことのできる、
わかりやすい『入門書』。
キリスト教は難しくてよくわからない……。
そんなあなたにオススメの 1 冊です。

『各時代の希望』上・中・下巻（1963年初版発行）の、抜粋・縮約です。